Modelo Simple de Negocios

THE SIMPLE BUSINESS MODEL™ (SBM)

UNA FORMA SENCILLA DE ENTENDER CUALQUIER NEGOCIOS

Adrian E. Gonzalez Reyna

ISBN: 979-8-9880863-2-1

Gracias...

A mi familia, Adriana, Esteban, Pablo.

*A mis amigos, Alonso Quintana, Beto Pérez, Christopher Gutek,
Juan Cordero, Liz Ruiz, Lupita Robles, Luisa Robles,
Paco Arredondo, Tita Robles.*

PRÓLOGO

Para qué sirve un Modelo de Negocio

El modelo más simple de negocio

Aunque a veces pueda parecer difícil de conseguir, toda empresa tiene un objetivo sencillo: intercambiar bienes y servicios por dinero. La Figura 0.1 ilustra esta transacción, que es el modelo más simple de cualquier emprendimiento con ánimo de lucro.

Por muy complejo que lo hagamos, el objetivo siempre será el mismo: tenemos un producto o servicio, y hay un cliente interesado en obtenerlo mediante una transacción. Debemos acordar un precio, las características del producto, el lugar y el momento de la entrega.

Este modelo es útil en casos como la compraventa de nuestro coche o nuestra casa. Sin embargo, la transacción como acontecimiento único no implica la creación de una empresa. El modelo más simple resulta inadecuado cuando se modeliza la repetición de transacciones similares a lo largo del tiempo.

En términos generales, las empresas necesitan gestionar mayores volúmenes de clientes, productos y transacciones, y este volumen es la variable más compleja.

Durante mi etapa como directivo de diferentes empresas, leí varios libros que proponían herramientas de modelado empresarial y busqué con ellos mejorar mis capacidades de gestión. Sin embargo, sólo unas pocas de estas herramientas se ajustaban a mis necesidades. La mayoría de ellas me ayudaban a diseñar y comprender el posicionamiento de la empresa en el mercado, nuestros puntos fuertes y débiles frente a la competencia y otras relaciones estratégicas. Sus enfoques se centraban en el análisis "estático" del negocio durante distintos períodos. Pero proporcionaban un apoyo limitado en relación con las operaciones diarias y recurrentes de la empresa, en particular mi necesidad de comprender cómo gestionar los flujos dinámicos de clientes y el intercambio de bienes a lo largo del tiempo.

Esta experiencia de hace más de diez años me inspiró a crear un modelo basado en principios simples, y que permitiera el análisis dinámico de volúmenes mayores de transacciones recurrentes. Este marco me ha ayudado a liderar varias empresas y a asesorar a muchas otras.

Un intercambio de bienes por dinero.

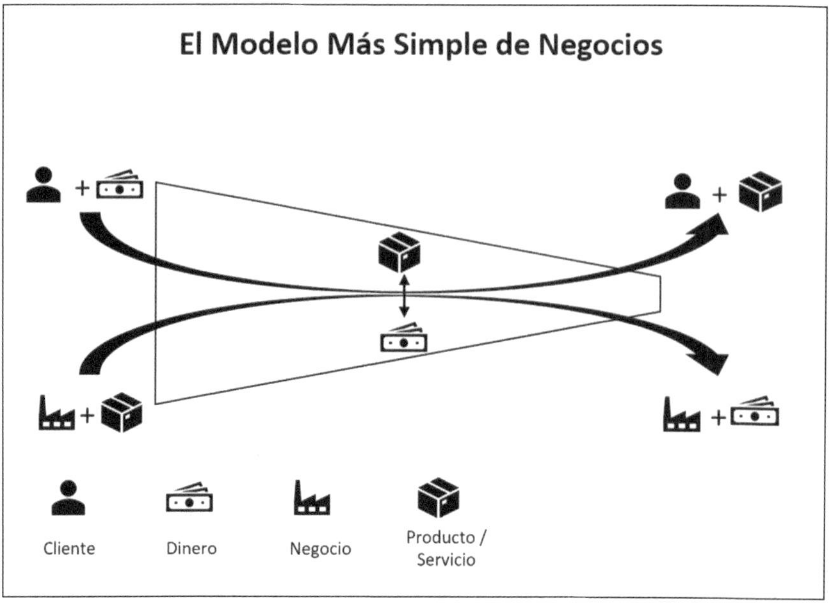

Figura 0.1. El modelo más simple de negocios

El Simple Business Model™ (o, El Modelo Simple de Negocios)

Independientemente de su tipo, tamaño o enfoque, todas las empresas son complejas. Hay demasiadas variables que observar, comprender, gestionar y controlar. Además, cambian continuamente, a menudo sin conocer sus causas o efectos.

Es ventajoso disponer de un modelo que represente una versión resumida de un sistema complejo y permita comprender su funcionamiento de forma sencilla para mejorar su desempeño.

Cuando dirigimos o somos propietarios de una empresa, creamos un modelo en nuestra mente, donde nuestro cerebro produce cifras, colores y conceptos sobre cómo funciona nuestro negocio. Estos modelos mentales son fundamentales para guiar nuestras decisiones y acciones.

La Figura 0.2 es un modelo simple pero potente con amplias aplicaciones para cualquier empresa y que se ha aplicado con éxito en empresas reales, tanto en Startups como en otras grandes y complejas.

Así, este libro pretende ofrecerte una herramienta que te ayude a comprender mejor tu negocio, definir objetivos a largo plazo y crear planes concretos para alcanzarlos. Como resultado, podrás organizar tu equipo de trabajo, alinear los objetivos de tus socios con los de tus empleados y estimar los recursos que necesitaras y los beneficios económicos que podrás obtener.

A medida que vayas leyendo, vislumbraras sin duda el secreto del potencial de esta herramienta: su sencillez. Pero, en manos de alguien experto, puede convertirse rápidamente en un arma potente en las batallas diarias de tu empresa.

Regularmente, lo más simple es mejor.

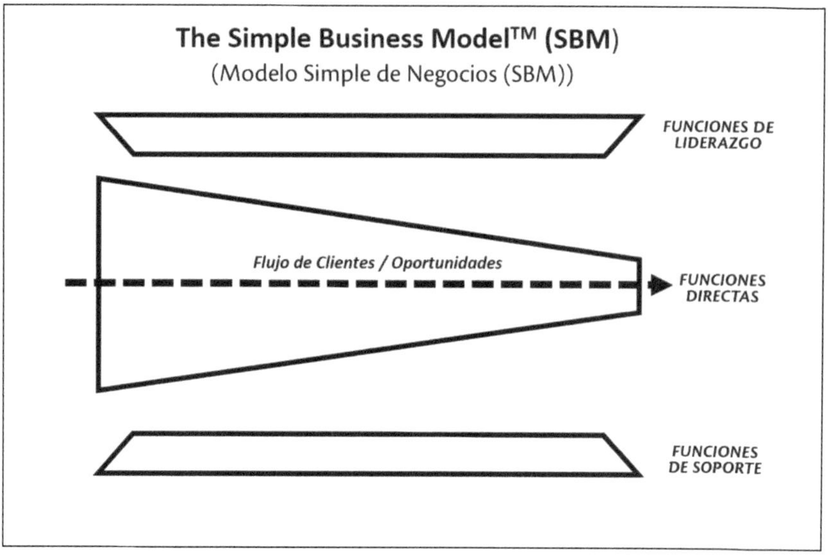

Figura 0.2. The Simple Business Model™ (SBM) (Modelo Simple de Negocios).

CAPÍTULO 1

Cómo Puedo Usar el SBM

Funciones

En una empresa, las actividades de las personas pueden agruparse en Funciones de Liderazgo, Funciones Directas y Funciones de Apoyo.

Los socios, el Director General y los líderes clave desempeñan las Funciones de Liderazgo. Sus objetivos incluyen la definición de objetivos a medio y largo plazo, el diseño de estrategias críticas, la provisión de recursos para alcanzarlos y, lo que es más importante, la identificación de las condiciones necesarias para obtener rendimientos de la inversión. Además, los socios suelen colaborar con el Director General en la creación de un Plan Estratégico de Trabajo (PET), y el Director General les mantiene regularmente informados de los avances. Entre los numerosos retos a los que se enfrentan, cabe citar el llegar a acuerdos sobre la distribución de propiedad, asignar un valor a la empresa y definir el monto y el destino de las inversiones.

Las Funciones Directas abarcan desde la captación de clientes potenciales (Promoción), el cierre de tratos (Ventas), la entrega de los productos vendidos (Entrega) hasta la recepción de los pagos (Cobranza). El principal objetivo del gestor de la Función Directa es convertir rápidamente a los clientes potenciales en clientes satisfechos que paguen. El reto para estas funciones es disponer de dinero suficiente para cubrir el tiempo que lleva realizar todos estos pasos y recibir el pago de los clientes por los productos. Esta salida recurrente de dinero suele generar presiones para reducir los costos y el tiempo necesario para completar el ciclo de ventas.

Las Funciones de Apoyo se encargan de proporcionar las herramientas, los recursos y las condiciones adecuadas para que todos los empleados desempeñen sus labores. Las Funciones de Apoyo incluyen equipos especializados en recursos humanos, sistemas de información, diseño de productos, marketing, administración y finanzas, entre otros. Entre los retos más comunes para los responsables de las Funciones de Apoyo se incluye la vinculación de su apoyo a los resultados de la empresa. Por ejemplo, evaluar cómo impacta el entrenamiento de los empleados en las ventas de la empresa, así como capacitarlos en cuestiones críticas como la gestión de la diversidad en el lugar de trabajo o la protección de la seguridad. En muchos casos, las inversiones en Funciones de Apoyo no se consideran prioritarias y se perciben como gastos con beneficios limitados.

El objetivo es alinear todas las Funciones y lograr la mayor ganancia posible.

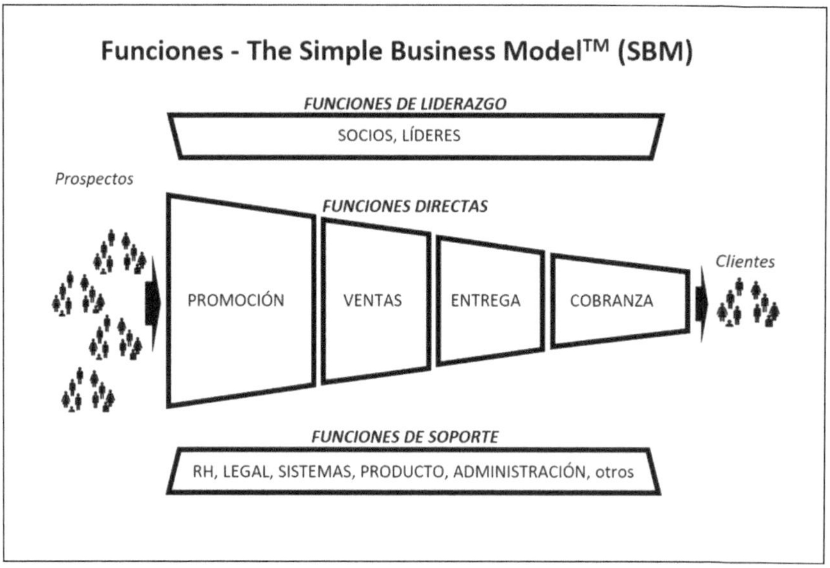

Figura 1.1. Las Funciones SBM.

Diferentes modelos

No todas las empresas son iguales. Sin embargo, el SBM permite evaluar empresas con características muy diferentes gracias a su sencillez y flexibilidad. Aunque las variaciones pueden ser infinitas en la práctica, la Figura 1.2 muestra tres de las más típicas.

El Modelo A se aplica principalmente a las empresas minoristas, que incluyen productos de consumo masivo como los que se encuentran en un supermercado (alimentos, productos de cuidado personal, productos de limpieza, etc.). En este modelo, el número de clientes que pagan es pequeño en comparación con los muchos a los que llegan sus campañas de promoción. Por lo general, los esfuerzos de promoción deben llegar a miles o millones de personas (Entrada) y se basan en amplias campañas publicitarias a través de medios como la radio, la televisión o los canales digitales. El número de clientes que compran los productos (Salida), posiblemente medido en miles, será mucho menor que el alcanzado por las campañas publicitarias. Además, el tiempo entre la promoción y la compra suele ser corto (Duración).

El Modelo B se utiliza para productos de mayor costo, como computadoras o bienes de mayor valor. La promoción se dirige a segmentos delimitados, generalmente en los miles, y los que compran se cuentan por centenares. Por ejemplo, vemos campañas de paquetes de viajes familiares cerca del verano, y vemos promociones de computadoras para estudiantes cuando están a punto de empezar las clases. La duración de este tipo de ventas es más larga porque el precio representa una inversión importante para la mayoría de los consumidores, que deben realizar una evaluación financiera detallada.

Por último, el Modelo C es para las ventas entre empresas (B2B); también pueden incluirse aquí los bienes de lujo o costosos. En este modelo, el número de clientes potencial es de cientos o posiblemente menos, y el proceso de atraer y convencer puede medirse en meses o años. Los clientes deben evaluar cuidadosamente múltiples aspectos de cada compra, comparar otras opciones y, a veces, incluso obtener créditos o préstamos para completar la adquisición del producto.

El volumen de clientes y el tiempo que toma una venta son parámetros críticos en un modelo de negocio.

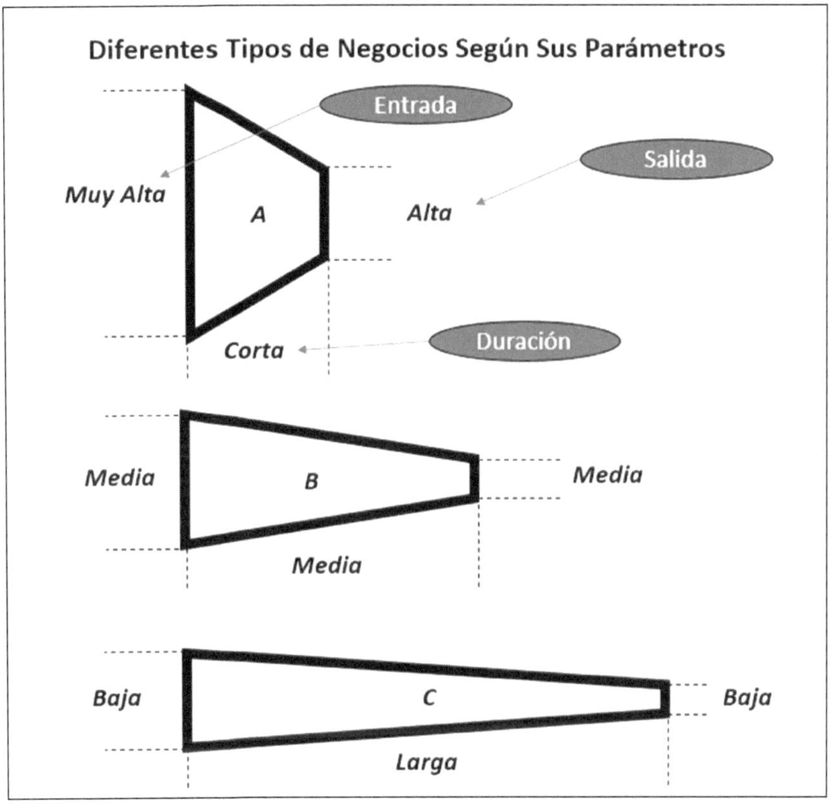

Figura 1.2. Tipos de Negocios.

Funciones de Liderazgo

A continuación, profundizaremos en cada tipo de Función. Para empezar, estudiaremos las Funciones de Liderazgo. Véase la Figura 1.3.

Como su nombre indica, los responsables de las Funciones de Liderazgo deben proponer y acordar la dirección de la empresa y sus objetivos a largo plazo. Para ello, existen una serie de procesos y reglas generales.

Los principales procesos se basan en lo siguiente:

- Definir el tipo de productos, mercados y posicionamiento de la empresa.
- Definir los objetivos a medio y largo plazo.
- Acordar entre los socios y el director general el uso de los recursos y la coordinación con los empleados.
- Estimar el tiempo y las condiciones para recibir el rendimiento de sus inversiones..

Las actividades anteriores no pueden delegarse en otros miembros de la organización. Los miembros de las demás Funciones pueden participar aportando comentarios y datos que ayuden a ejecutarlas, pero sólo los dueños y el Director General son responsables de su definición y ejecución.

Si la empresa tiene más de un socio, suele ser legalmente obligatorio tener una junta de accionistas, o Consejo, en la que cada propietario esté representado a la hora de tomar decisiones. Normalmente, el peso de la participación de un socio en el Consejo está directamente relacionado con el porcentaje de propiedad que tiene en la empresa. También es posible que algunos socios participen como empleados u operadores de la empresa. Por ejemplo, el fundador o fundadores de la empresa suelen ocupar una silla en el consejo de administración.

Aunque podríamos suponer que los socios y dirigentes de las empresas conocen sus responsabilidades y los procesos que deben llevar a cabo, sólo a veces es así. En ocasiones, la falta de experiencia, formación y apoyo puede provocar errores entre los líderes de la empresa. Cuando los ejecutivos no cumplen con sus obligaciones, las empresas se quedan a menudo con una dirección incierta y confusión entre sus empleados. Una forma de reducir este riesgo es integrar Consejos de Administración con accionistas y miembros independientes, así como contratar asesores que ayuden a los dirigentes a realizar sus funciones. Su propósito es formalizar la coordinación entre los socios y la empresa para cumplir los procedimientos empresariales aceptados y las condiciones legales.

Los principales retos para quienes integran las Funciones de Liderazgo son su capacidad de coordinación, la claridad en la definición de objetivos y los medios que utilizan para compartir información y tomar decisiones adecuadas para la mejora de la empresa.

Cuando los socios son simultáneamente empleados, resulta especialmente complicado separar sus funciones, ya que son, en cierta medida, juez y parte en el proceso de toma de decisiones. El SBM ayuda a aclarar y separar las funciones y a establecer las obligaciones y responsabilidades de quienes las desempeñan

Los dirigentes deben definir los objetivos de la empresa y proporcionar los recursos adecuados.

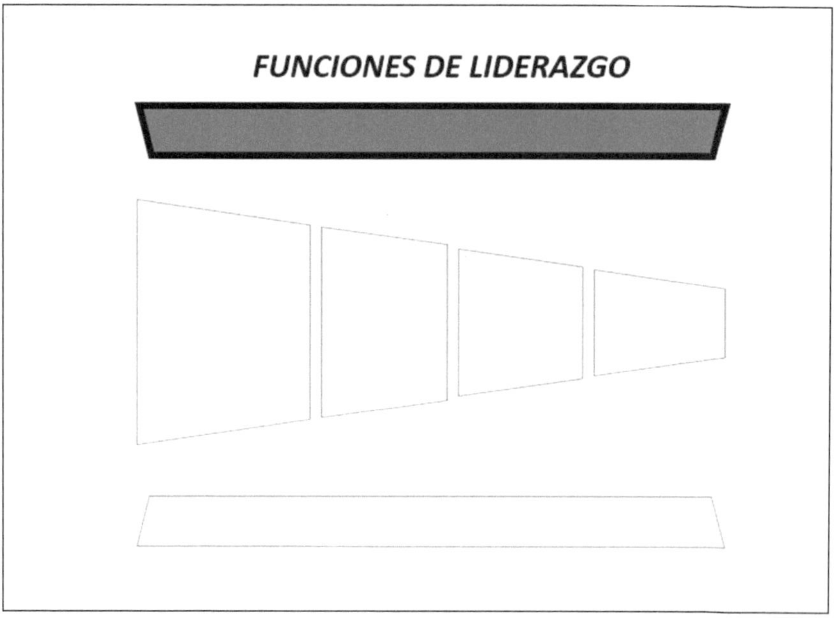

Figura 1.3 Funciones de Liderazgo.

Funciones Directas

Las Funciones Directas son responsables de encontrar clientes potenciales (o prospectos), cerrar las ventas, completar la entrega del producto y cobrar. El SBM divide las actividades de las Funciones Directas en cuatro pasos (o etapas), como se describe a continuación. Véase la Figura 1.4.

Promoción

El objetivo es que los clientes potenciales sepan que existe e invitarles a hacer negocios con tu negocio. Este objetivo suele alcanzarse utilizando diversos canales de comunicación, como campañas publicitarias en radio, televisión, medios online, vallas publicitarias y eventos con clientes. Probablemente, el canal más importante son las recomendaciones de los clientes, también conocidas como "boca a boca".

Seleccionar el canal de comunicación adecuado forma parte de la decisión de filtrado que debe realizar cada etapa. Cuanto antes identifiques a un buen cliente potencial, más rápido debería pasar éste a la siguiente etapa. Si el cliente potencial no reúne los requisitos para serlo, será mejor para tí y para él dar por finalizado el proceso de venta.

Ventas

El objetivo de esta Función es convertir a un posible cliente interesado en un cliente formal. Si, tras la Promoción, el cliente potencial y nuestra empresa acuerdan realizar la compra/venta, pasaremos a la fase de Ventas, en la que se definen detalles como la cantidad, el precio, las condiciones de pago, el lugar de entrega y las condiciones aplicables posteriores a la Entrega.

Estas condiciones pueden ser sencillas, por ejemplo, ir al supermercado y comprar leche, o pueden ser detalladas y complejas, como al comprar un coche o una casa.

En esta fase, uno de los principales retos es comprender y confirmar que todas las partes aceptan y están de acuerdo con las condiciones en el menor tiempo posible. Cuando una venta se cierra correctamente, se reducen o eliminan las posibilidades de que surjan conflictos o desacuerdos en las etapas siguientes.

Entrega

Este paso tiene como objetivo entregar al cliente el producto o servicio acordado durante la Venta. Cuando el producto o servicio es un bien básico, como una Coca Cola o un lápiz, la entrega podría realizarse sin recibo de compra. Sin embargo, la entrega podría convertirse en una actividad compleja si negociamos la venta de miles de Coca Colas para un evento deportivo o de lápices para todo el gobierno de Estados Unidos. Las personas que intervienen en la fase de Entrega deben estar debidamente informadas de los términos y condiciones acordados durante la fase de Venta. Cuanto más complejo sea el producto, más importante es que los miembros del equipo de Entrega participen en el proceso de Venta. De ese modo, cualquier acuerdo con el cliente se conocerá de antemano y se podrá gestionar una planificación adecuada.

Cobranza

Esta Función tiene un objetivo sencillo pero valioso: conseguir nuestro dinero. Puede parecer obvio que debemos cobrar por lo que hemos vendido, pero es sorprendente la cantidad de problemas que podemos tener en esta fase. De poco sirve haber realizado correctamente los pasos anteriores si no cobramos. Cobrar por lo que vendemos es tan importante o más que atraer clientes.

Debemos darnos cuenta de que la empresa tiene un flujo de dinero negativo a lo largo de casi todas las Funciones. En otras palabras, gastamos dinero en casi todo lo que hacemos.

Sin embargo, Cobranza es una de las pocas Funciones en las que la empresa tiene un flujo de dinero positivo. Por lo tanto, esta última etapa es crítica. Otras entradas de fondos incluyen la recepción de préstamos, inversiones de los propietarios, devoluciones de impuestos y ventas, pero Cobranza suele ser la más importante

Las funciones directas coordinan el recorrido del cliente dentro de nuestra empresa.

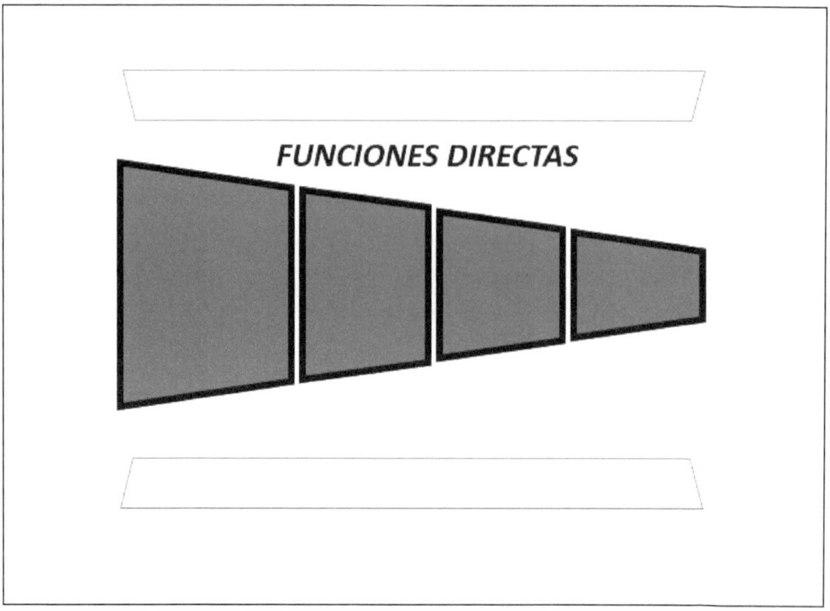

Figura 1.4 Funciones Directas.

Funciones de Apoyo

Las Funciones de Apoyo, como su nombre indica, están diseñadas para facilitar la vida a todos los empleados proporcionándoles los recursos que necesitan. Así, cuando las Funciones de Apoyo no existen o no funcionan bien, los empleados realizan múltiples tareas, lo que merma la eficacia de la empresa. Por ejemplo, los jefes de ventas, además de sus responsabilidades comerciales, también podrían encargarse de comprar muebles y computadoras. Esta multitarea suele ser necesaria cuando el número de empleados y los fondos monetarios son limitados, pero a medida que la empresa crece, se vuelve poco práctica e ineficaz. Véase la Figura 1.5.

Es frecuente ver que las empresas no reconocen adecuadamente a los equipos de apoyo. La atención tiende a centrarse en los que hacen las grandes ventas, no en los que ayudan a los vendedores. Podemos hacer una analogía con un equipo de fútbol, en el que reconocemos a los jugadores, pero olvidamos a los miembros de la institución que les permitieron jugar. Normalmente, no es porque se les reste importancia, sino porque sus contribuciones se distribuyen entre muchos beneficiarios y no son fácilmente atribuibles a éxitos concretos. Esto se convierte en un importante reto de gestión: ¿cómo medimos el impacto del médico del equipo si él no marca goles?

Sin embargo, cuando las áreas de apoyo no funcionan bien, el impacto suele ser bastante visible, lo que provoca cierta injusticia en el sistema. En nuestro ejemplo, la culpabilidad del médico será fácilmente identificable si el equipo pierde porque varios jugadores no son tratados adecuadamente de sus lesiones. Por lo tanto, es responsabilidad de la dirección establecer metodologías que midan objetivamente el nivel de apoyo recibido de las Funciones de Apoyo.

Reconocer y motivar a nuestros empleados es una parte vital de las responsabilidades de los líderes. Reconocer y compensar al equipo de ventas suele ser fácil, ya que las comisiones están directamente relacionadas con los ingresos. Pero no es tan simple cuando se evalúa el trabajo de las Funciones de Apoyo debido a su impacto indirecto en los resultados de la empresa. Pueden realizarse otras evaluaciones para un reconocimiento adecuado, como los logros financieros generales de la empresa y la opinión de los compañeros de equipo que funcionan como clientes internos.

El SBM facilita la identificación del apoyo prestado por cada Función de Apoyo al resto de la organización y permite la creación de métricas que ayudan a monitorizar su rendimiento de forma objetiva.

Las Funciones de Apoyo ayudan a otros a realizar su trabajo con éxito.

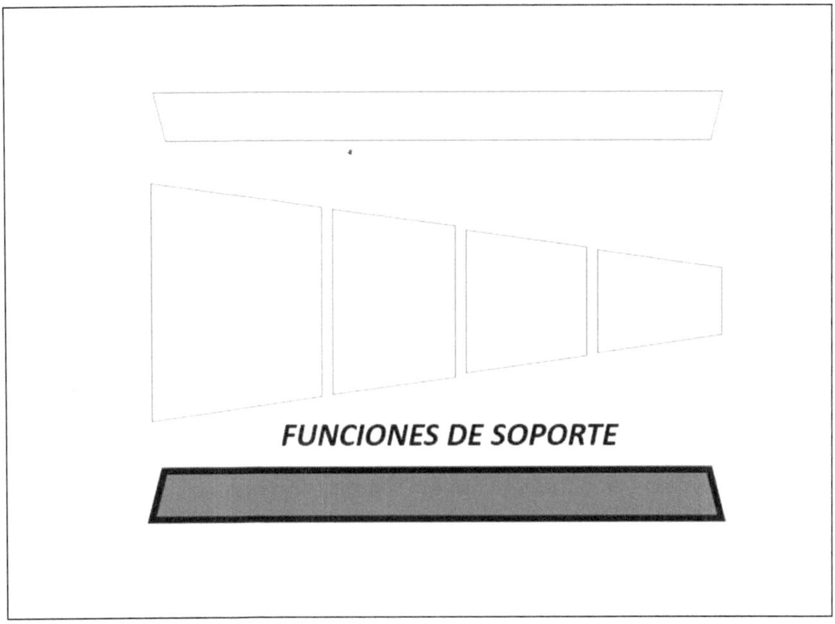

Figura 1.5 Funciones de Soporte.

Parámetros de Función

Una empresa es como una máquina grande, compleja y potente compuesta de muchas piezas o subsistemas. Las Funciones son como subsistemas dentro de la máquina. El rendimiento global depende del rendimiento y la buena coordinación de estos subsistemas. Sin embargo, el rendimiento de cada Función debe medirse de forma diferente debido a su naturaleza.

Las Funciones Directas pueden medirse por su eficacia a la hora de permitir el flujo de clientes a través de ellas. Véase la Figura 1.6. Es como bombear agua por una larga tubería, con fugas por el camino. En nuestro modelo, la Entrada y la Salida representan el número y el valor de las oportunidades de venta. La eficacia se obtiene dividiendo la salida por la entrada y se expresa en porcentaje. Por ejemplo, se atraen 1,000 clientes potenciales gracias a la Promoción y 100 completan las Ventas. La eficacia global es del 10% o 100/1,000 expresado en porcentaje. Las oportunidades pueden medirse por el número de clientes, el número de productos o por su valor económico equivalente. Por tanto, algunas oportunidades se pierden, y algunas tardan más que otras.

Del mismo modo, se pueden relacionar los parámetros de Capacidad y recursos necesarios. Por ejemplo, si la Promoción requiere $1,000 al mes en gastos, y en ese mismo periodo se generaron 1,000 oportunidades de Salida, podría establecerse que cada oportunidad "costó" $1 a la empresa.

El rendimiento de las Funciones de Apoyo y Liderazgo es un poco más difícil de medir debido a su mayor impacto en toda la organización. Con las Funciones Directas, se puede medir el rendimiento de cada paso individualmente y como grupo. Para las demás Funciones, el impacto de sus operaciones sólo puede vincularse a los resultados de toda la empresa. Por ejemplo, la eficacia del Director General sólo puede medirse tras un largo período y por observar múltiples resultados financieros y operativos. O puede ser que no sea evidente la reducción de los costos tras instalar un nuevo sistema para la gestión de los clientes (CRM) hasta que se hayan completado varios ciclos de ventas.

Si no lo mides, no puedes administrarlo.

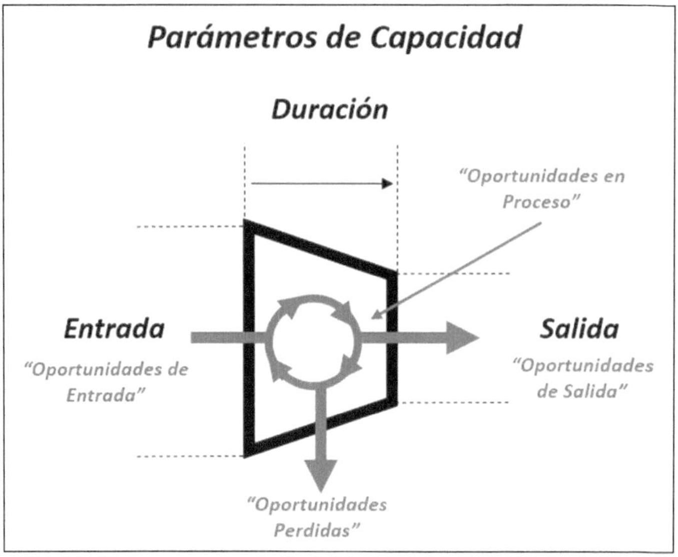

Figura 1.6. Parámetros de Capacidad.

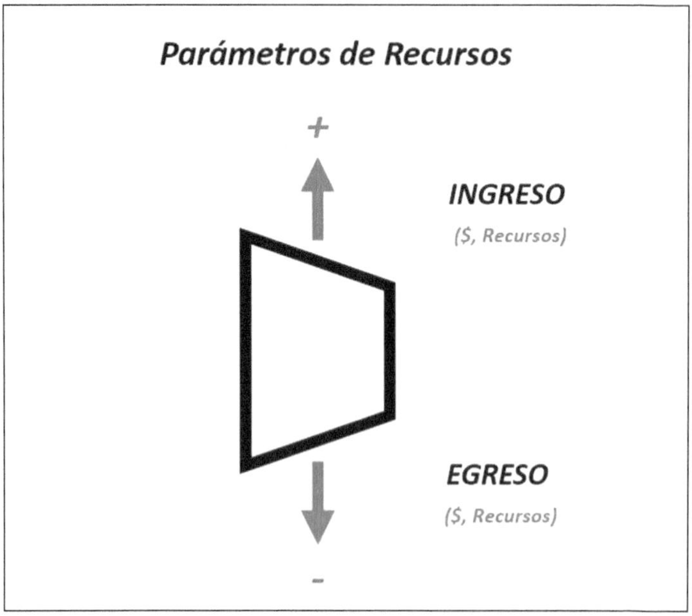

Figura 1.7. Parámetros de recursos.

Coordinación entre Funciones

El éxito de una empresa depende, junto con otros factores, de una excelente coordinación entre las distintas Funciones; por eso se celebran reuniones periódicas entre los participantes de los distintos equipos. La responsabilidad de promover la coordinación y el intercambio de información en toda la empresa recae directamente en el Director General. Véase la Figura 1.8.

Sin embargo, una buena coordinación tiene algunos retos. Por ejemplo, normalmente cuanta más información tenga cada empleado, mejor. Pero demasiada información o información clasificada a disposición de todos los empleados puede representar un riesgo y cierto nivel de ineficacia. Por lo tanto, las normas y procedimientos para distribuir y controlar el flujo de información entre los empleados, especialmente en las distintas Funciones, deben revisarse continuamente.

Cada Función debe tener una coordinación Inter-Funcional, en la que sólo participen miembros del mismo equipo, y una coordinación Intra-Funcional para armonizarla con otras funciones.

Dentro del tipo Intra-Función, existen al menos tres grupos, uno por cada tipo de Función (Funciones de Liderazgo, Funciones Directas y Funciones de Apoyo). Las siguientes Figuras destacan las líneas de comunicación más importantes. El Director General debe mantener una comunicación eficaz con los líderes de cada Función Directa y de Apoyo. Paralelamente, los líderes de las Funciones Directas deben mantener canales abiertos para garantizar que el flujo de clientes no se detenga, especialmente durante el paso de una etapa a la siguiente.

Las Funciones de Apoyo se comunicarán con sus clientes internos en las Funciones Directas, y su principal objetivo será asistirles de forma continuada.

En este sentido, el SBM facilita la evaluación de la comunicación para identificar cualquier obstáculo y comprender su impacto en el negocio.

La eficiencia en la comunicación Inter-e Intra- Funcional es esencial.

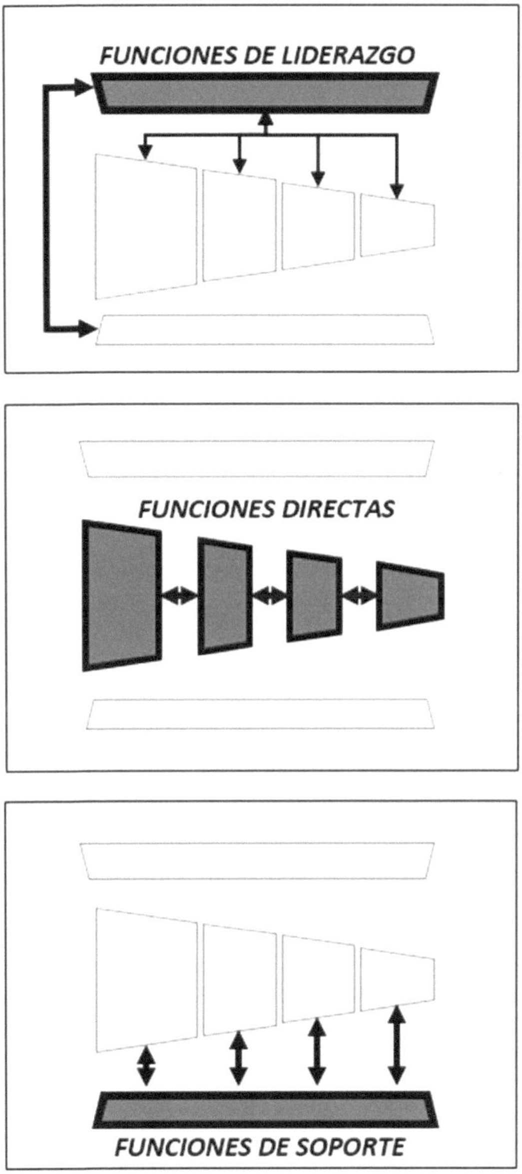

Figura 1.8. Coordinación entre Funciones.

Funciones Especiales

Cuando presento esta herramienta a diferentes líderes empresariales, les gusta por su funcionalidad, simpleza y estructura lógica. Una vez que empiezan a modelar su negocio, suelen surgir preguntas. Algunas de las preguntas más comunes son: ¿Dónde están los servicios posventa? ¿Por qué la Manufactura y la Logística figuran como Apoyo y no como Funciones Directas? ¿Por qué el Marketing no forma parte de la Promoción?

Todas estas preguntas son excelentes. Mi primera respuesta es que el SBM puede y debe adaptarse a cada empresa. La segunda, recomiendo empezar a modelar utilizando el modelo base y adaptarlo más tarde utilizando ciertas reglas sugeridas.

En primer lugar, los servicios posventa: prácticamente cualquier empresa debe prestar servicios al cliente después de entregar un producto. Probablemente forme parte del acuerdo con el cliente, pero mantener el contacto con un cliente después de cerrar una venta también puede abrir una oportunidad para venderle algo más. La solución sugerida para esto se muestra en la Figura 1.9, donde se añade una línea de retorno, que pasa a través de la Función Posventa. Dado que el cliente ya nos conoce, no es necesario que empiece el proceso de promoción, por lo que la línea va directamente a la Función de Ventas.

En lo que respecta a la fabricación, el modelo se basa en el flujo de clientes a través de una tubería. En la mayoría de los casos, la entrega supone que los productos ya están preparados para la venta. A menos que los productos o servicios se fabriquen especialmente para cada cliente, su preparación debería haberse realizado en paralelo, al igual que las Funciones de Apoyo. Véase la Figura 1.10.

En segundo lugar, el marketing y la promoción: La Promoción es el intento activo de atraer a clientes potenciales utilizando las estrategias y herramientas desarrolladas por el equipo de marketing. El equipo de marketing suele diseñar la estrategia, pero el de promoción es el que la ejecuta.

Todas las funciones deben estar incluidas y adaptadas.

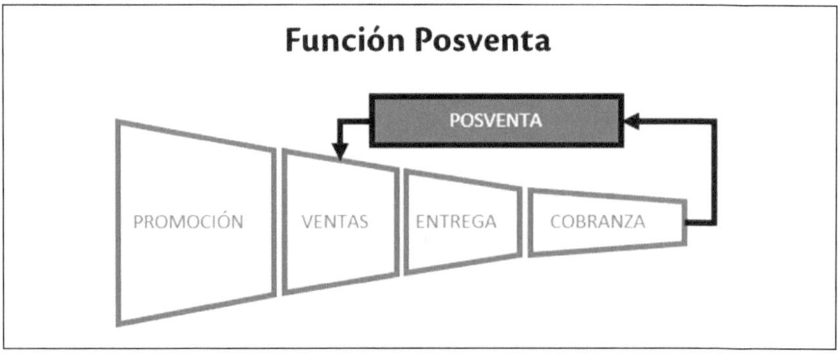

Figura 1.9. Función Posventa.

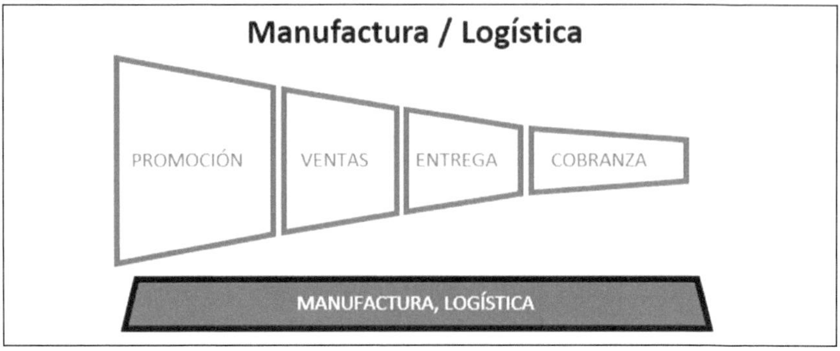

Figura 1.10. Manufactura/Logística.

Adaptaciones del modelo

A partir de lo revisado hasta ahora, es posible afirmar que el modelo básico puede adaptarse a diferentes contextos según la empresa, siempre que no se pierda de vista la necesidad de contar con los tres tipos de Funciones.

En la práctica, algunas empresas venden productos a segmentos de clientes muy diferentes o productos muy diferentes a segmentos de clientes similares. El enfoque en múltiples productos/segmentos puede reflejarse en las Funciones Directas.

La Figura 1.11 muestra un ejemplo en el que las Funciones Directas se dividen en tres grupos, cada uno de los cuales representa un producto diferente, un segmento diferente, o ambos.

Por ejemplo, una vez implantamos el SBM en una empresa muy peculiar. El servicio principal consistía en una tarjeta de descuento (Servicio A) ofrecida a los miembros de su programa de fidelización. Además, la empresa captaba empresas dispuestas a ofrecer descuentos a los miembros a cambio de publicidad en la documentación y el sitio web de la empresa (Servicio B). Por último, la empresa vendía el programa (Servicio C) a sus clientes, que eran principalmente bancos y compañías de seguros. Estos clientes distribuyeron las tarjetas de fidelización a sus clientes como beneficio adicional, y estos clientes se convirtieron, al mismo tiempo, en miembros del programa de fidelización.

Así, para que el negocio funcionara, se requería que tres segmentos diferentes recibieran lo que buscaban, pero al final, sólo un grupo, el de los clientes, pagaba realmente por todo el programa.

La empresa quería mejorar su posicionamiento financiero y operativo. Al principio no era fácil entender cómo se podía lograr esto cuando diferentes segmentos y servicios se prestaban simultáneamente. Además, resultaba complicado definir dónde debía centrar la empresa sus recursos e inversiones. Tras modelar el negocio utilizando el Simple Business Model™, creamos un plan de trabajo y distribuimos las actividades en tres grupos. Cada grupo tenía objetivos específicos para gestionar cada segmento y servicio de forma coordinada.

El SBM puede y debe adaptarse a cada empresa.

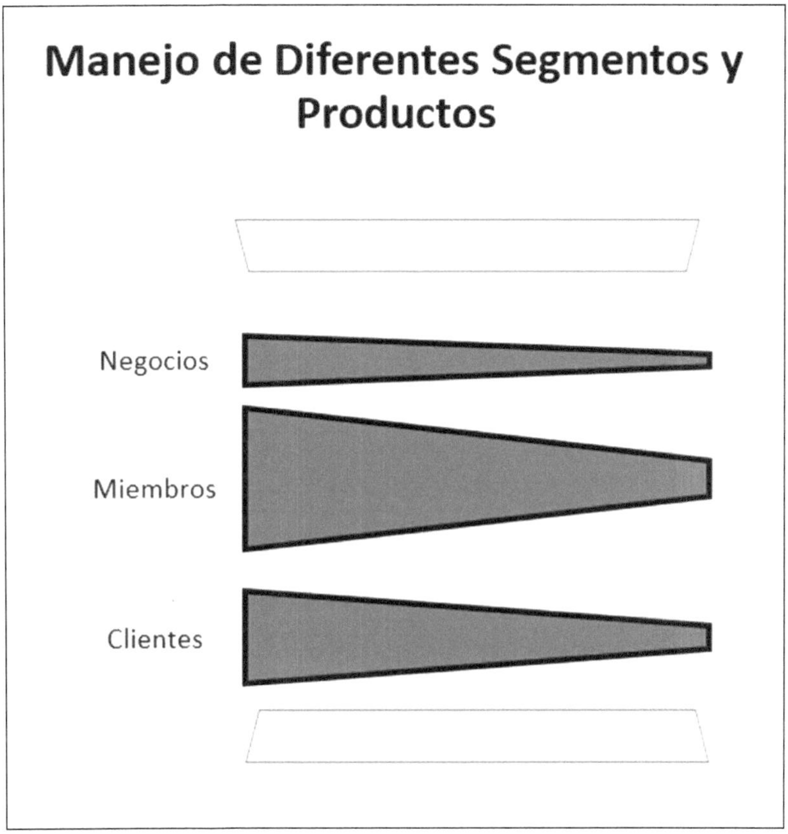

Figura 1.11. Manejo de diferentes segmentos y productos.

CAPÍTULO 2

Cómo Puedo Crear un Modelo SBM para mi Empresa

Utilizar el Simple Business Model™

Como aprendimos en el capítulo anterior, el SBM puede ser útil en diferentes circunstancias. Por ejemplo, con él podemos descubrir rápidamente dónde una empresa tiene serios retos. O puede ayudarnos a crear un plan de trabajo a corto o largo plazo. También puede servir de apoyo a un modelo financiero o incluso a la hoja de diseño para implantar un sistema de información.

Por la misma razón, no existe una única forma de utilizarlo y desarrollarlo. Por ello, este capítulo presenta recomendaciones para su desarrollo y aplicación. Hay dos pasos importantes: primero, crear el Modelo, y segundo, aplicarlo según sea necesario.

En el primer paso, el Modelo tendrá la forma de un Diagrama SBM en una sola página (como veremos más adelante), y contendrá las Funciones con los nombres que utilizamos habitualmente en nuestra empresa. Además, añadiremos información cuantitativa como el nivel de ventas, los clientes y la duración del proceso, es decir, lo que tenemos disponible inicialmente.

Posteriormente, en función de lo que nos interese analizar o resolver, utilizaremos una de las aplicaciones del Modelo SBM. Véase la Figura 2.1 a modo de ejemplo.

El Plan Estratégico de Trabajo (PET) es una compilación que permite integrar las acciones para alcanzar los objetivos en un plazo determinado. El diseño organizacional es el resultado de asignar cada Función a una persona y a su equipo. El Modelo Financiero suele ser la versión monetaria del PET.

En cuanto a los sistemas de información, cada vez más empresas necesitan implantarlos; ejemplos de sistemas de información son los ERP (Enterprise Resource Planning) o CRM (Customer Relationship Management). Estos sistemas se basan, entre otras cosas, en la automatización de la gestión de clientes, compras, ventas, gestión de inventarios y otros procesos. Casualmente, el SBM se basa en una lógica similar en cuanto al flujo de clientes y los requisitos para completar una venta, por lo que apoya la planificación para implantar estos sistemas de información de forma gráfica y ordenada.

En primer lugar, crea tu modelo y, a continuación, aplícalo.

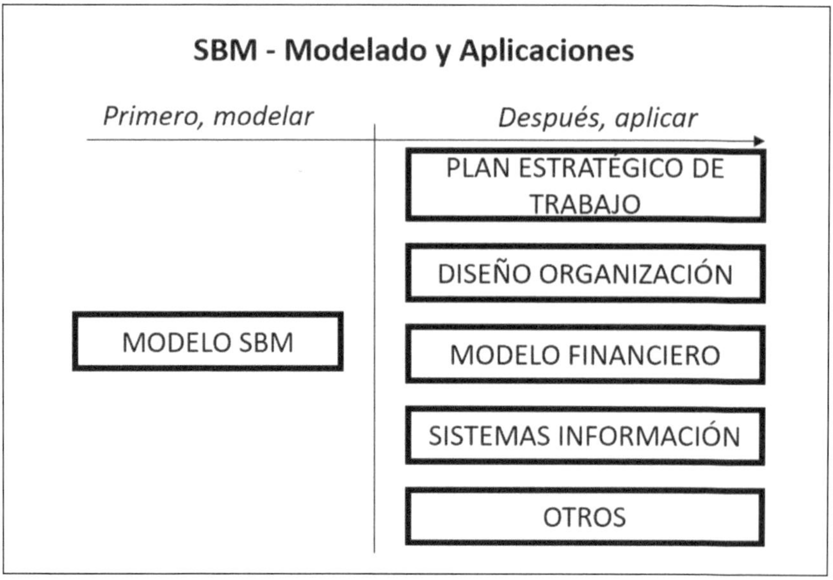

Figura 2.1. SBM - Modelado y aplicaciones.

Cómo hacer un Modelo

En este capítulo, nos centraremos en describir cómo se crea un Modelo SBM; al final, mostraremos un Diagrama SBM, la cual es una forma gráfica para mostrar el Modelo.

La Figura 2.2 muestra los pasos relevantes en la creación del Modelo. A continuación, se presenta un resumen de cada paso.

1. Recopilar información. Este suele ser un reto importante, ya que, en la mayoría de los casos, la información es limitada o no está adecuadamente organizada. Sugiero no invertir mucho tiempo en esto, sino utilizar lo que está disponible. Al principio, basta con hacer estimaciones generales.
2. Crear la estructura. La estructura inicial puede generarse a partir del organigrama de la empresa. Es probable que los nombres de su organigrama difieran de los del SBM. Al principio, recomiendo utilizar los nombres de las funciones del SBM.
3. Identificar los recursos. Esto se refiere principalmente al número de personas o empleados asignados a una Función y al número de puestos de trabajo. Si los recursos se reparten entre varias Funciones, es necesario estimar de forma sencilla qué parte se asigna a cada Función. Por ejemplo, un empleado o un despacho puede asignarse a dos Funciones diferentes por mitades.
4. Estimar la Capacidad. La Capacidad puede describirse como el número máximo de clientes que podemos atender satisfactoriamente en un periodo. En las Funciones Directas, la Capacidad más baja de las cuatro etapas es la que define la Capacidad de toda la empresa.

5. Estimar Duraciones. La medición de la Duración de un proceso es una estimación del tiempo medio que tardan las cuatro Funciones, o pasos, de las Funciones Directas.
6. Elaborar el Modelo. El modelo es la representación gráfica de la información previa, le llamamos Diagrama SBM. No debe exceder de una hoja de papel como máximo.

El SBM comienza con un diagrama de una página.

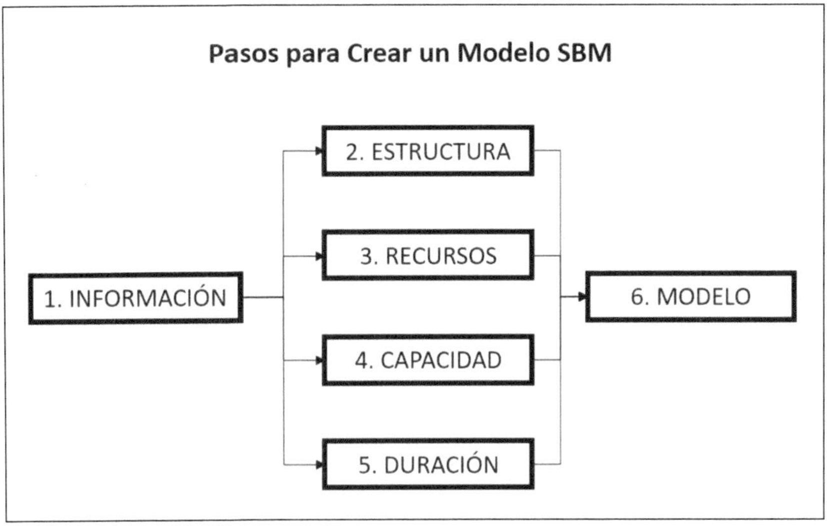

Figura 2.2. Pasos para crear un Modelo SBM.

1. Información

Antes de iniciar el proceso de modelado, es esencial comprender qué fuentes de información existen. Cuanto más fiables y estructurados sean los datos utilizados, más fácil será crear y preparar nuestro modelo para la aplicación requerida.

Como lista de información inicial, puede incluirse la siguiente:

- Funciones de Liderazgos
  - Estructura accionaria
  - Experiencia de los dirigentes
  - Nivel de coordinación
  - Planes de la empresa (Business Plan)
- Funciones Directas
  - Formas de promoción, rendimiento e inversión
  - Ventas mensuales y anuales por producto, cliente y región
  - El volumen de entregas, el calendario, el nivel de rechazos, los medios de producción y la distribución
  - Estadísticas de la cobranza
- Funciones de Apoyo
  - Número de empleados y estructura organizacional
  - Informes contables y pagos de impuestos
  - Cuestiones reglamentarias y jurídicas pertinentes
  - Planes de marketing por producto, así como precios, competidores y estrategia de distribución
  - Rendimiento, sistemas de calidad y procesos de fabricación
  - ISistemas de información

Si se trata de una empresa nueva, la información consistirá probablemente en estimaciones teóricas de los resultados futuros. Si se trata de una empresa en funcionamiento, es probable que el historial de datos sea mínimo o parcial.

Según mi experiencia, la información disponible no suele ser tan detallada como nos gustaría; por lo tanto, el reto en este paso es equilibrar la calidad de la información y el tiempo disponible para crear nuestro modelo. Por lo tanto, mi recomendación es no detenerse demasiado en este paso. Sin embargo, si las fuentes de información son inadecuadas, deberíamos incluir una actividad (es decir, la generación de fuentes de información adecuadas) como una parte clave en nuestro Plan Estratégico de Trabajo.

Adicionalmente, recomiendo utilizar un servicio centralizado de almacenamiento electrónico de datos, como Dropbox o Google Drive, durante este proceso de recopilación de datos. También recomiendo nombrar las carpetas y archivos para que coincida con el de las Funciones SBM. Véase la Figura 2.3.

En función del grado de confidencialidad, deberán establecerse los niveles de acceso y participación de las partes interesadas. Algunos datos, como los relativos a la estructura de la empresa, pueden ser confidenciales y no estar disponibles. En estos casos, simplemente no se incluye en el Modelo.

Disponer de buena información es un reto constante.

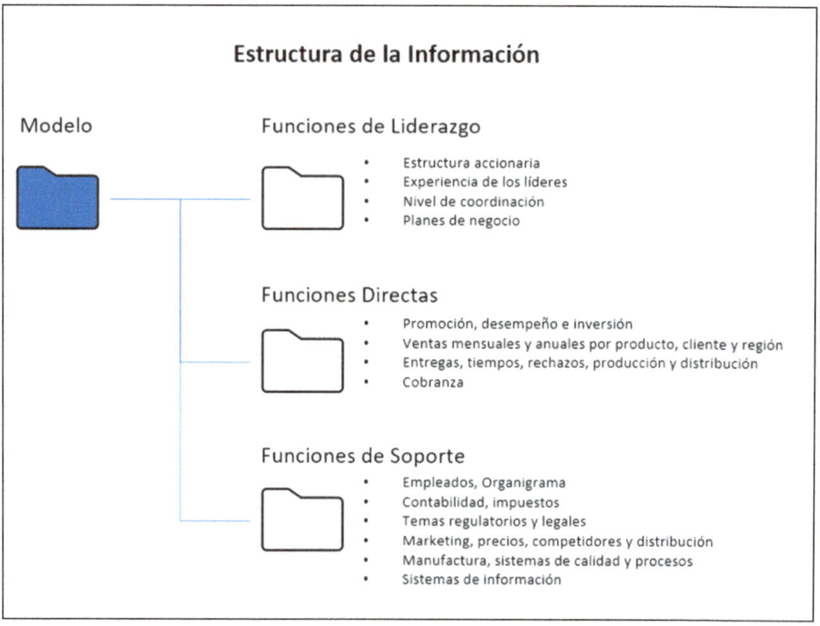

Figura 2.3. Estructura recomendada para organización de la información.

2. Estructura

El SBM se centra en las funciones necesarias para la operación de cualquier empresa y les asigna nombres comunes para facilitar la respuesta a la pregunta: "¿Cuál es la finalidad de esta función?". Por ejemplo, en los organigramas, los nombres de las áreas de trabajo pueden cambiar porque su finalidad es asignar nombres a áreas que a veces realizan más de una función. O están diseñados para comunicarse con audiencias externas en términos estándar en cada industria. Por lo tanto, los títulos y cargos utilizados en los organigramas pueden no representar realmente el alcance y el enfoque de cada puesto.

La Figura 2.4 muestra la conversión de un organigrama típico de una empresa manufacturera a su equivalente en el SBM. Por ejemplo, la Función Promoción del SBM suele estar incluida en Marketing, y la Función Cobranza, se incluye dentro de las de Finanzas y Administración. Además, Calidad y Procesos pueden encontrarse bajo Operaciones o Manufactura. Hay algunas áreas que son las mismas en el modelo SBM. El Director General suele ser una de ellas, al igual que la mayoría de las Funciones de Apoyo.

Adaptar los títulos y cargos a los nombres del SBM podría generar confusión. Pero debe reducirse entendiendo que el SBM está diseñado para desentrañar el flujo principal en el intercambio de dinero por servicios o productos, no los títulos utilizados para definir los cargos en nuestra organización.

Por lo tanto, es esencial utilizar los nombres de las Funciones del SBM tanto como sea posible e identificar cómo se distribuyen estas Funciones dentro del organigrama de la empresa.

Los títulos de los organigramas pueden diferir de los del SBM.

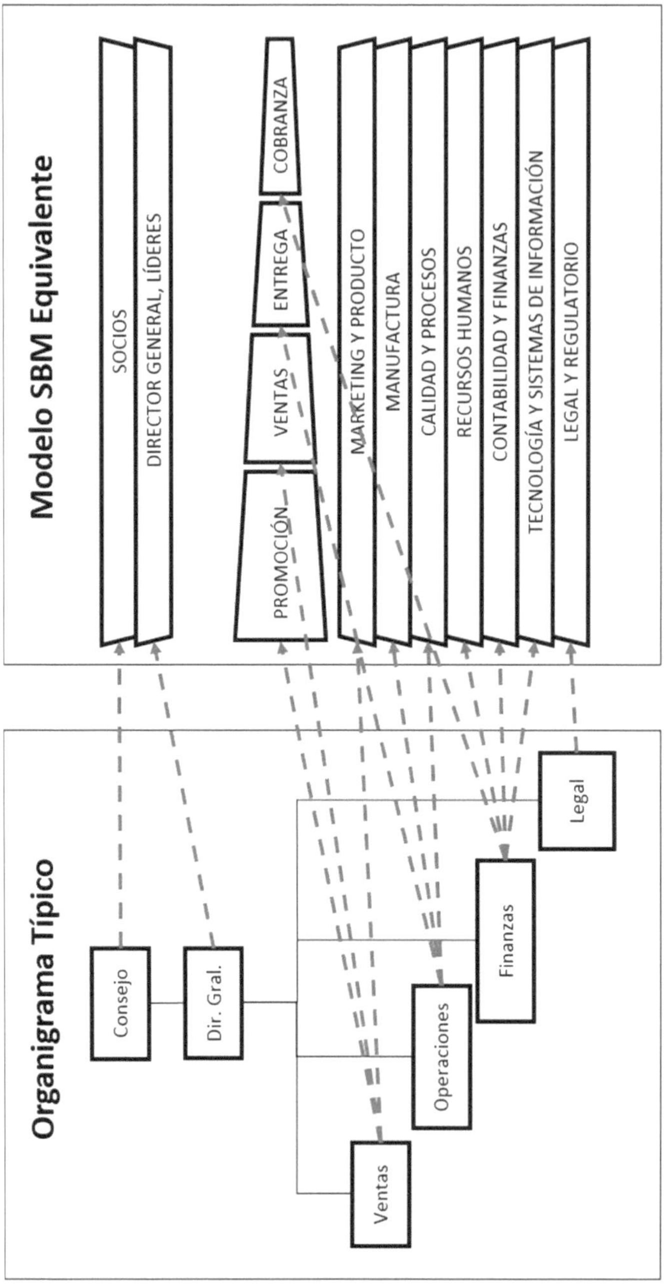

Figura 2.4. Conversión de un organigrama típico a un modelo SBM.

3. Recursos

Es necesario invertir y dotar de recursos a cada Función para disponer de una Capacidad adecuada y equilibrada. Todas las Funciones -Liderazgo, Directa y Apoyo - deben sostener el nivel de negocio requerido a corto y largo plazo. Cuando encontramos un fallo en una Función, probablemente es señal que debemos inyectar recursos para mejorar la Capacidad. Véase la Figura 2.5.

Además, es relativamente común identificar un cuello de botella en alguno de nuestros procesos; lo sabremos porque tenemos algún problema, como retrasos en las entregas, baja calidad, quejas o algo similar. Tras identificarlo, debemos determinar cómo mejorar la operación.

Lo ideal es que los requisitos de mejora sean poco costosos y puedan aplicarse rápidamente. Sin embargo, en algunos casos, la lista de requisitos puede ser larga e inasequible. Por lo tanto, debemos seleccionar las actividades que nos aporten más beneficios con la menor inversión posible y el periodo de aplicación más corto.

Además, en nuestro análisis, debemos considerar los requisitos a lo largo del tiempo. La Autoevaluación nos dará una idea de los retos a corto plazo, pero debemos analizar un periodo más amplio alineado con los objetivos fijados. Normalmente se utilizan periodos de cinco años.

Ampliar el periodo de análisis ayuda a determinar la secuencia lógica de la inversión y el crecimiento de la capacidad en todas las Funciones. Por ejemplo, podemos fijar el objetivo de pasar de los 100 clientes al mes que procesamos hoy en día a procesar 1,000 clientes al mes dentro de cinco años. Sin embargo, hoy sabemos que tardamos 15 días más de lo ideal en entregar los productos a estos 100 clientes, es decir, tenemos un cuello de botella en la Función de Entrega. Por tanto, para lograr el sueño de entregar 1,000 productos a tiempo, es evidente que primero hay que empezar por entregar los 100 actuales con éxito.

En efecto, la mejora de la Entrega requerirá cierta inversión para, a su vez, mejorar la Capacidad. Estas inversiones suelen implicar un aumento de la cantidad y la calidad de la formación de los empleados, la maquinaria, las instalaciones, etc., lo que a menudo se traduce en necesidades financieras, de tiempo y de gestión.

La Capacidad requiere recursos.

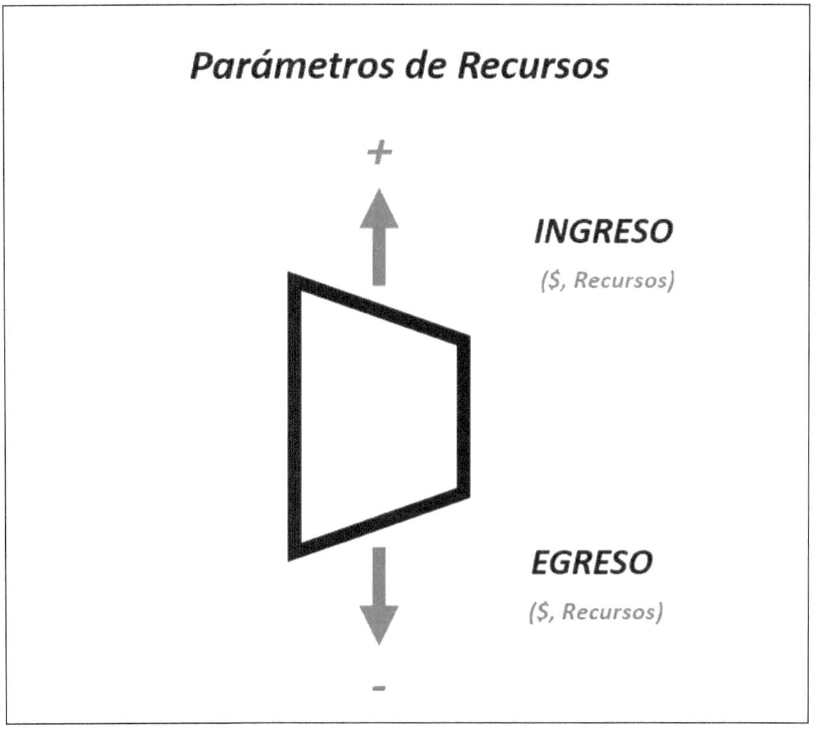

Figura 2.5. Parámetros de Recursos.

4. Capacidad

El SBM define la Capacidad como el potencial máximo para procesar correctamente varios clientes u oportunidades de venta en un periodo definido. Un ejemplo ilustrativo sería una carretera con una capacidad de flujo de 10,000 vehículos en un tramo de 100 km, que debería recorrerse en una hora. Sin embargo, el tiempo podría aumentar si se produce un accidente. Esto se debe a que la carretera tiene una capacidad determinada, pero si hay un cuello de botella, el tiempo de viaje aumenta. Por tanto, existe una relación directa entre la capacidad y el tiempo de un proceso.

Lo mismo ocurre con el flujo de clientes a través de nuestra empresa. Podemos tratar con miles de clientes potenciales, pero si no somos capaces de entregar los productos a tiempo, de poco servirá tener tantos clientes llamando a nuestra puerta.

La Capacidad suele ser un valor máximo teórico de lo que podemos hacer. Normalmente, no nos damos cuenta de cuál es ese valor hasta que tenemos un problema y observamos retrasos en los procesos. La Figura 2.6 muestra la Compañía X y describe estos conceptos utilizando valores ilustrativos.

Cada Función Directa está envuelta por un rectángulo. El rectángulo simboliza la Capacidad Máxima de cada Función y tiene un valor numérico entre los corchetes, [ ]. La figura trapezoidal representa el rendimiento real de cada función. En este ejemplo, el desempeño de cada Función es inferior a su Capacidad Máxima en Promoción, Ventas y Entrega. Por lo tanto, la Capacidad de Entrega y su desempeño son iguales en el punto de entrada.

La Capacidad Efectiva es igual a la Capacidad más pequeña de las cuatro Funciones Directas. En el ejemplo, es la Función de Entrega con una Capacidad de 1,000. Si superamos esta Capacidad, tendremos retrasos en toda la cadena; por lo tanto, no importa que otras Funciones puedan atender a más clientes, ya que la Capacidad Efectiva lo limitará todo. El resto de las capacidades pueden considerarse exceso de capacidad instalada.

Uno de los principales retos y responsabilidades de los líderes es mantener una capacidad de proceso equilibrada. Tener un Exceso de Capacidad puede indicar potencial de crecimiento, pero hasta que se materializa, suele significar costos e inversiones innecesarias; por otro lado, tener una Capacidad Efectiva baja puede limitar el nivel de operación de la empresa.

Sobre el papel parece simple, pero en la práctica es muy complejo de medir y observar.

En función de los objetivos de la empresa, la Capacidad de cada Función debe adaptarse para soportar los flujos de clientes previstos. Lo ideal es aumentar la Capacidad antes de que el rendimiento real lo requiera, es decir, si sabemos que atraeremos a miles de prospectos en la Función de Promoción, debemos tener suficiente Capacidad en las Funciones que le siguen.

La Función con un cuello de botella define la capacidad de toda la empresa.

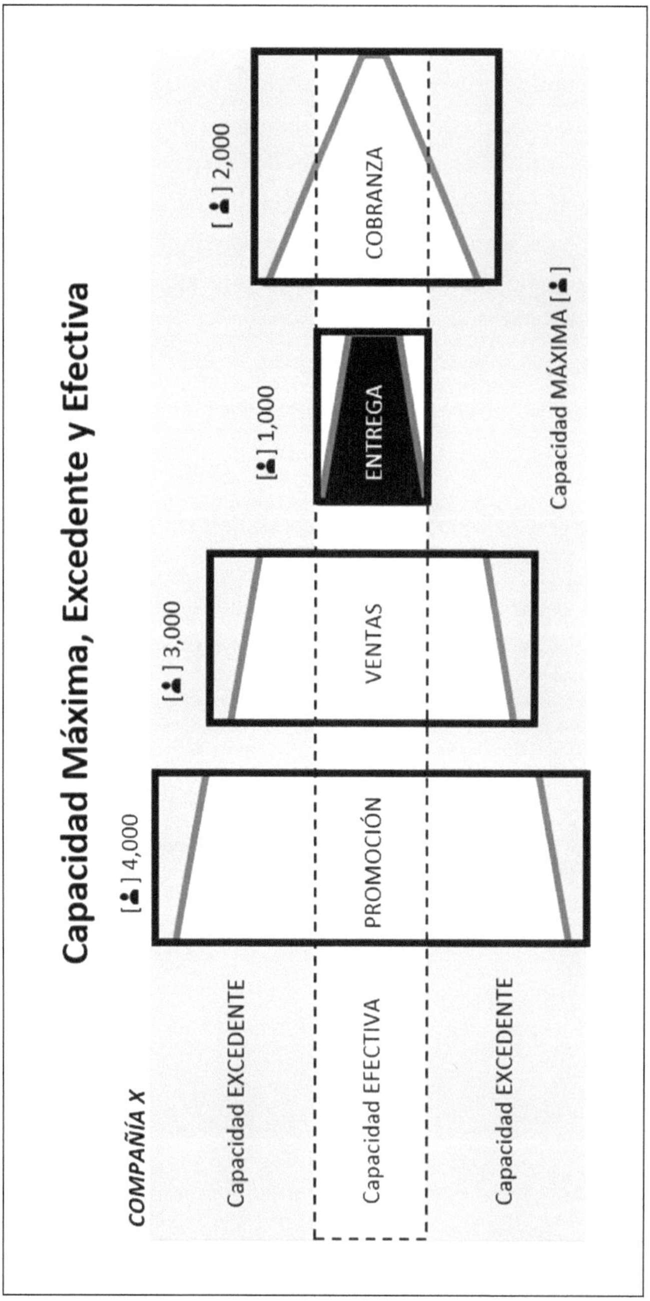

Figura 2.6. Capacidad Máxima, Excedente y Efectiva.

5. Tiempos (Duración)

Debemos saber cuánto tarda nuestra empresa en completar el proceso entre Promoción y Cobranza, o un ciclo completo. Puede que no sea fácil, pero se requiere una estimación razonable de la Duración media. Conocer la Duración de cada Función Directa es vital para controlar nuestro rendimiento.

Este valor del tiempo está vinculado a otros parámetros de rendimiento, operativos y financieros. Por ejemplo, puede indicarnos en qué medida cumplimos nuestros compromisos de entrega a los clientes y cuánto tardan éstos en pagarnos. Pero también nos ayuda a estimar presupuestos y necesidades financieras. Por ejemplo, en las empresas en las que la Duración de las Funciones es larga, a menudo se necesitan fondos monetarios considerables antes de disponer de ingresos; del mismo modo, las Duraciones cortas suelen indicar que el volumen de proceso de los clientes puede ser importante.

Sin embargo, no es fácil tener un valor de Duración preciso porque éste varía de un cliente a otro. Por ejemplo, hay clientes que, una vez conocen nuestro producto, lo compran y nos pagan en cuestión de minutos u horas, mientras que otros exigen mucho de nuestro esfuerzo para simplemente iniciar el proceso de venta.

Aunque es difícil obtener una medida exacta, esto no debería ser motivo para dejar de modelar nuestro negocio, ya que es más fácil medir la Duración para ciertas Funciones que para otras. Por ejemplo, suele ser fácil calcular cuánto tiempo transcurre desde que un cliente aprueba un pedido de venta hasta que entregamos el producto o servicio (Entrega) o cuánto tarda el cliente en depositar su pago (Cobranza). En cambio, medir cuánto dura nuestra Promoción suele ser más complejo porque aquí suele haber muchas variables.

Dependiendo del tipo de negocio y de la experiencia, podemos generar algunos puntos de referencia razonables que serán útiles para nuestro Modelo, por lo que no es necesario, al menos inicialmente, tener un alto nivel de precisión sobre la duración de nuestras Funciones Directas.

La Figura 2.7 muestra un ejemplo ilustrativo de la Compañía X en el que se indican los valores debajo de cada Función junto a un reloj. La suma de los cuatro tiempos muestra que esta empresa tarda una media de 300 días desde que inicia el contacto con un cliente potencial hasta que deposita el pago de su compra ("ciclo completo").

En la sección anterior, la Figura 2.6 se refería a la misma Compañía X. Vimos que la Capacidad Efectiva limitaba la Función de Entrega. Por lo tanto, para la evaluación de la Duración, podemos suponer que es en esta Función donde tenemos menos holgura en caso de retrasos, y es probable que con cualquier problema que tengamos en la Entrega, el tiempo de todo el proceso se alargue.

La Duración de una Función es el tiempo promedio para completar una etapa.

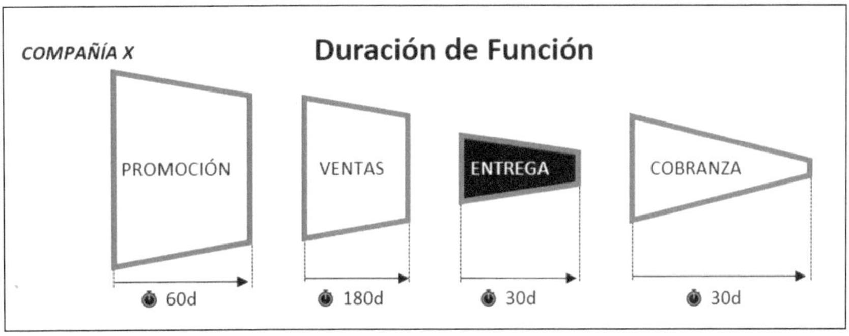

Figura 2.7. Duración de Función.

6. Modelo

Por último, la Figura 2.8 muestra un ejemplo del Diagrama SBM. El Diagrama permite comprender cómo funciona la Compañía X sin conocerla realmente. Por ejemplo, tiene ocho socios repartidos en tres sedes y un Director General que dedica el 50% de su tiempo al cargo. El diagrama describe una empresa con múltiples ubicaciones, con varios socios y un Director General que desempeña más de un rol. No fue necesaria ninguna explicación escrita para obtener esta valiosa información.

También podemos conocer su desempeño operativo. Por ejemplo, a través de su estrategia de promoción, pueden identificar unos 1,750 prospectos, y tardan 180 días en convertir a estos prospectos en clientes. Pueden cerrar ventas con 57 clientes por un equivalente a 98 dólares (o cualquier otra unidad monetaria o divisa), entregar eficazmente 18 productos, y cuentan con 8.8 empleados en el área de ventas en una ubicación.

Un simple diagrama en una página es una instantánea que describe la compañía en un momento dado. Pero esta instantánea también proporciona información dinámica. Representa el flujo de clientes y oportunidades de la Promoción hasta la Cobranza. Por tanto, proporciona una visión estática, como el número de ubicaciones que tiene la empresa en un momento dado, pero también nos dice cuántos clientes inician y terminan el ciclo de ventas completo.

El Diagrama SBM no proporciona detalles sobre dónde puede haber retos o problemas en la empresa. Pero sienta las bases para el análisis de la empresa, facilitando la detección de posibles problemas. Leeremos más sobre esto en las páginas siguientes.

Un solo Diagrama SBM vale más que mil páginas.

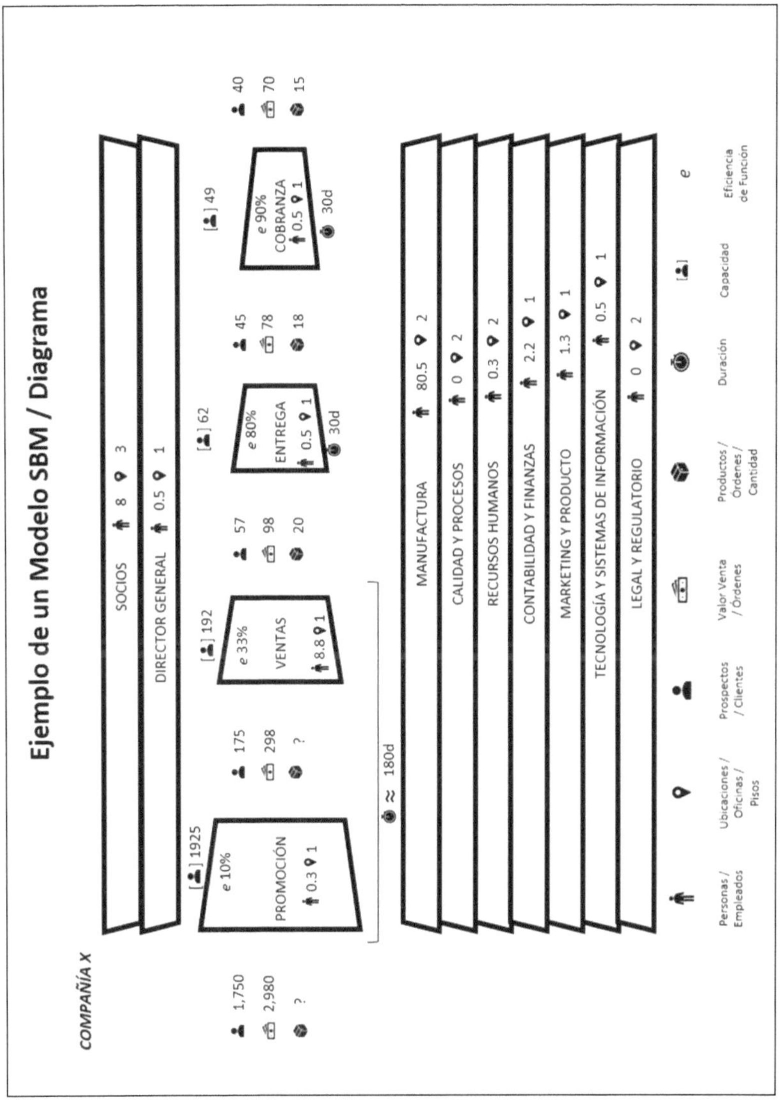

Figura 2.8. Ejemplo de un Modelo SBM / Diagrama.

CAPÍTULO 3

Cómo Puedo Crear un Plan de Trabajo Estratégico con el SBM

El Plan Estratégico de Trabajo (PET)

Casi todas las empresas crean planes de trabajo, pero ¿qué hace que un plan de trabajo sea estratégico? La respuesta simple es que éste abarca toda la organización y considera un periodo largo de tiempo, de tres a cinco años como mínimo.

Un plan de trabajo puede recibir muchos nombres, como plan de negocio, proyecto de empresa, acciones corporativas, etc. Sin embargo, independientemente del nombre, es una lista de actividades coordinadas para lograr un objetivo y se utiliza para alinear a toda la organización.

Un plan de trabajo bien hecho responde a preguntas como: ¿Hacia dónde se dirige esta organización? ¿Qué tenemos que hacer mi equipo y yo? ¿De cuánto tiempo dispongo para prepararme? ¿Qué tengo que entregar, y cuándo? Al responder a estas preguntas, el plan facilita la coordinación y el seguimiento de los avances.

Un Plan Estratégico de Trabajo (PET) requerirá ajustes a lo largo del tiempo. Es posible que la versión inicial no requiera muchos detalles, sino una orientación general.

El SBM es una herramienta ideal para crear un PET porque incluye todas las áreas de una empresa y define cómo se relacionan entre sí. También facilita la medición de varios parámetros fundamentales en el funcionamiento.

Para utilizar cualquier aplicación del SBM, partiremos de la base de que el Modelo SBM del negocio ya ha sido creado (véase el Capítulo 2). A continuación, recomendamos realizar un ejercicio de autoevaluación que nos permita identificar rápidamente nuestro punto de partida. Es como fotografiar un paisaje antes de construir una casa nueva. La Figura 3.1 muestra los distintos pasos a seguir.

Una vez que tengamos una idea clara del punto de partida, podremos fijar objetivos alcanzables, retadores y medibles para un período en específico.

El PET es una herramienta que facilita el trabajo de un equipo, por lo que la coordinación entre los distintos participantes será fundamental.

La fase de coordinación debe describir detalladamente cómo y a través de quién se comunicarán los participantes en el desarrollo y aplicación del SBM.

Una vez identificadas todas las actividades que hay que realizar, es muy probable que los recursos necesarios superen fácilmente la capacidad de la empresa para proporcionarlos o que el tiempo en el que hay que realizar alguna acción no sea factible. Por lo tanto, hay que llevar a cabo un proceso de priorización, seleccionando lo que podemos realmente hacer y lo que no.

Un PET no tendrá ningún valor si se limita a ser un bonito documento de varias páginas. El formato y el detalle pueden seguir varios patrones, pero debe convertirse en una herramienta valiosa de uso recurrente.

La empresa debe incluir el PET en su protocolo operativo como base de prácticamente todas sus acciones. Además, los dirigentes deben fomentar su consulta, actualización y revisión continua.

Un Plan Estratégico de Trabajo contempla un horizonte a largo plazo.

Figura 3.1. Pasos para crear un PET.

1. Autoevaluación

El Diagrama SBM puede actuar como un espejo en el que podemos ver objetivamente dónde estamos parados. Su uso es valioso cuando se puede identificar el principal parámetro operacional y definir algunos retos organizacionales de un simple vistazo. Por esto, recomiendo utilizar el diagrama codificado por colores que se presenta en la Figura 3.2 para identificar las áreas que requieren una atención especial. También sugiero aplicar a los líderes de la empresa el cuestionario de Autoevaluación de este libro (incluido en el Anexo).

Las respuestas proporcionadas por los líderes empresariales se reflejan en el Diagrama SBM, y para las Funciones que requieren más atención, utilizaremos un color rojo intenso. Este color indica un alto nivel de urgencia para la aplicación de estas iniciativas. Si la atención es necesaria pero no es urgente, utilizaremos el color amarillo. Para todos los demás casos, utilizaremos el verde.

La razón por la que se seleccionó cada color puede explicarse en una hoja adjunta.

En algunos casos, se pueden añadir variaciones de color para dar más precisión al análisis, aunque no lo recomiendo, ya que es mejor mantener el enfoque simple.

He aquí algunas consideraciones:

- Los tres colores deben distribuirse en proporciones similares.
- No es malo tener rojo; sólo indica que es una Función que requiere más atención que las demás.
- Si hacemos la misma evaluación dentro de unos meses, es de esperar que los colores se muevan de un lugar a otro. Mover los colores es el resultado dinámico de un negocio activo.

La Figura 2.2, utilizada solo con fines ilustrativos, muestra que la Compañía X necesita centrar su atención en las Funciones de Promoción y Ventas, y en los Sistemas de Información. El resto de las funciones parecen estar bien. Un escenario potencial podría indicarnos que la empresa deba implantar un sistema automatizado para apoyar sus Funciones de Promoción y Ventas.

Una autoevaluación objetiva es la mejor manera de empezar.

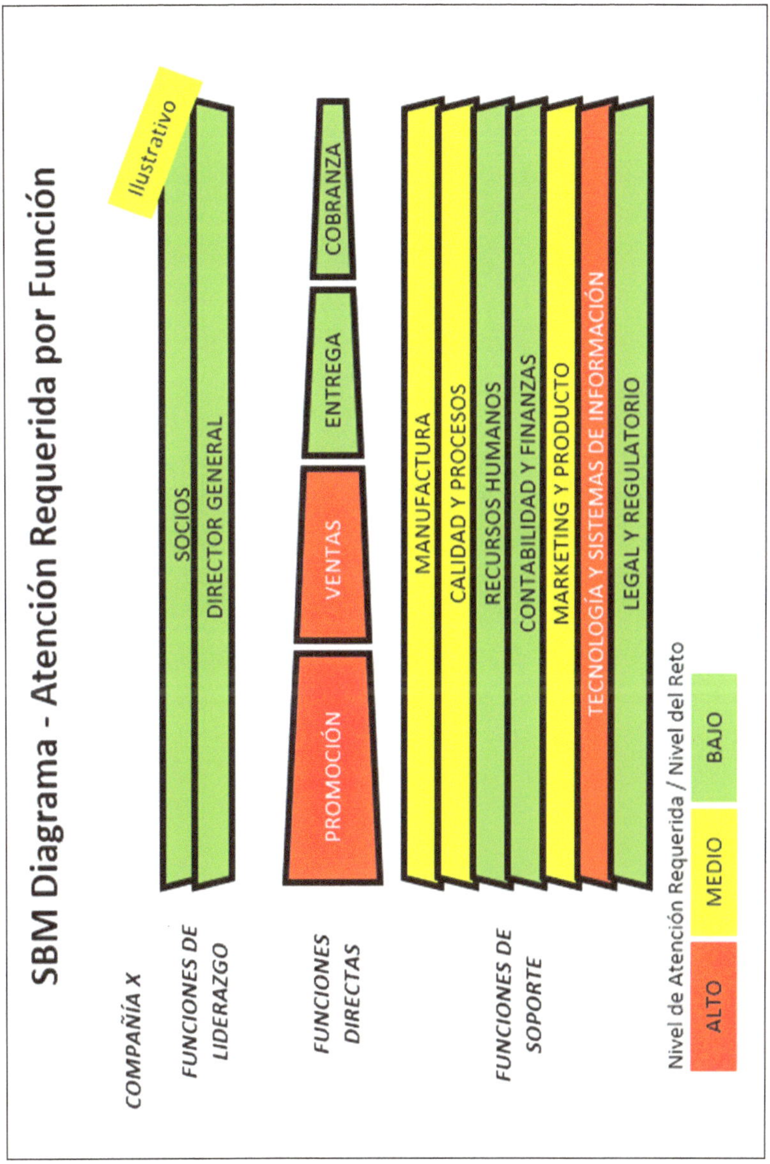

Figura 3.2. Diagrama SBM - Atención requerida por Función.

2. Objetivo Principal

No se puede hacer un buen plan sin saber qué queremos conseguir y cuándo. Fijar nuestros objetivos empresariales puede parecer sencillo, pero no suele serlo. Requiere imaginar un futuro atractivo, desafiante y posible, y a menudo combina a varios miembros del equipo con visiones diferentes y opuestas.

Intentarlo puede agotarnos, por lo que a menudo "pateamos la pelota por el camino", pero no debería ser así. Es más, no sólo es muy beneficioso hacerlo, sino que además es inevitable y más fácil de lograr de lo que puede parecer.

La buena noticia es que, con el SBM, el planteamiento es sencillo. Para explicarlo, utilicemos el Diagrama que generamos en el capítulo anterior, Figura 2.8. Después de Cobranza, observamos una Salida de 70 unidades por periodo. Recuerde que, independientemente de lo que utilicemos en nuestro modelo, estas unidades pueden ser miles o millones de dólares. Ahora, fijemos un objetivo a alcanzar dentro de cinco años. Por ejemplo, fijémoslo en 700 unidades, es decir, diez veces más que la Cobranza actual. Véase la Figura 3.3. Así de simple. Este será nuestro Objetivo Principal. Recomiendo utilizar los ingresos en dólares como objetivo principal, ya que suele ser más fácil de entender y, en la mayoría de las empresas, las metas se basan en objetivos económicos.

Sugiero fijar el Objetivo Principal lo más alto posible. En los pasos siguientes, determinaremos lo que será necesario para alcanzarlo en términos de costos y actividades. Si resulta que después de estimar el costo y el impacto de la inversión el objetivo es inalcanzable, siempre podemos volver atrás y fijar un valor de Objetivo Principal más bajo. También puede ocurrir al revés, y decidir aumentar el Objetivo Principal una vez que sepamos lo que hace falta para alcanzarlo.

Una vez fijado el Objetivo Principal, toda la empresa debe centrarse en alcanzarlo. Para ello, debemos asignar este objetivo a cada Función. Aprenderemos más sobre esto en las páginas siguientes.

El nivel de ingresos deseado define el Objetivo Principal en un plazo de X años.

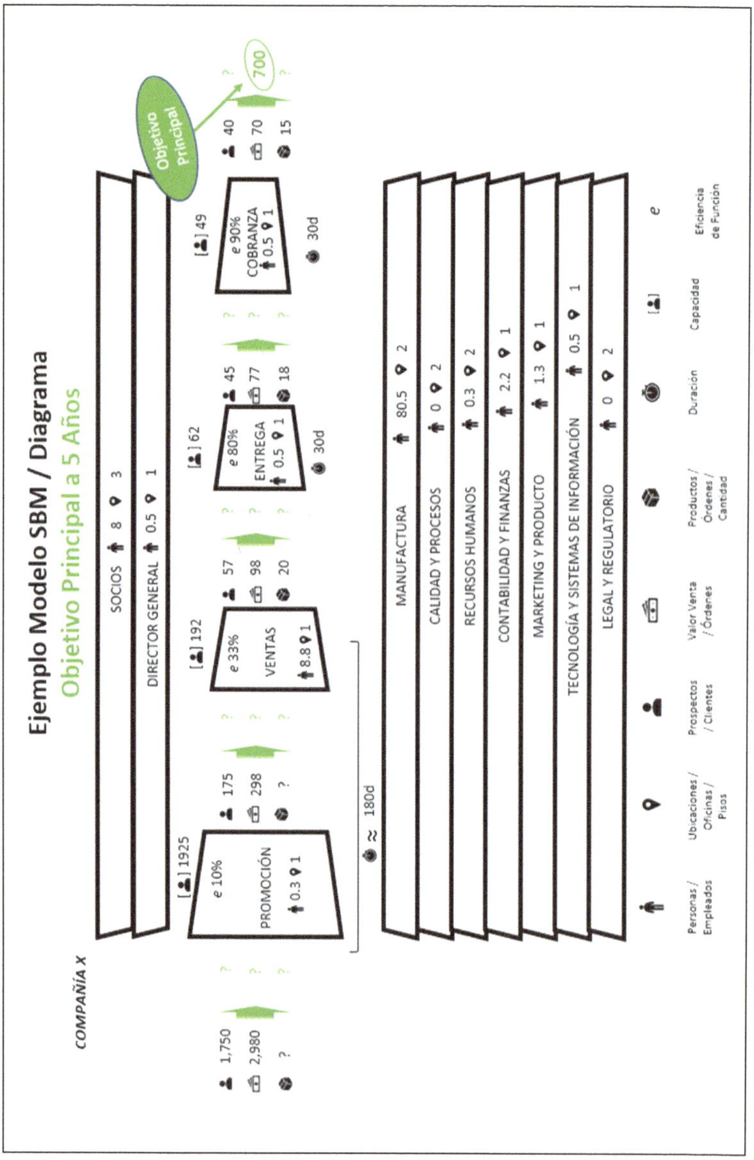

Figura 3.3. Diagrama SBM con Objetivo Principal a 5 Años.

2.1. Objetivos por Función

El Objetivo Principal se convierte ahora en el objetivo de toda la empresa, y cada Función debe ser capaz de hacer su parte para apoyarlo.

En el diagrama de la Figura 3.3, el objetivo principal es aumentar los ingresos de 70 a 700 unidades, es decir, diez veces. Este será el Resultado de toda la empresa. Ahora debemos estimar la Entrada de la Promoción y de cada Función Directa.

Para simplificar, supondremos que la eficacia de cada etapa sigue siendo la misma. En otras palabras, la eficacia de la Promoción es del 10%, la de las Ventas es del 35%, la de la Entrega es del 80% y la de Cobranza es del 90%. Por supuesto, en la vida real las eficiencias pueden cambiar por diferentes razones, pero no vamos a entrar en eso ahora.

Debemos calcular la Entrada moviéndonos "hacia atrás". En primer lugar, para calcular la Entrada de Cobranza, dividimos 700 por 90%, que es la eficiencia de Cobranza (o 700 entre 0.9), lo que nos da 778 unidades. Al continuar, dividimos 778 entre 80%, que es la eficiencia de la Entrega, y obtenemos 973 unidades. Si ahora dividimos 973 entre 33%, obtenemos la Entrada de Ventas, que es 2,919, y a éste lo dividimos por 10%, o la eficiencia de Promoción, y obtenemos 29,190 unidades. Este último valor es la Entrada requerida por toda la empresa para alcanzar el Objetivo Principal deseado de 700. Si dividimos el Objetivo Principal, 700 unidades, entre la Entrada de Promoción, 29,190 unidades, obtenemos una eficiencia total del 2.4%. Esto significa que, de cada 100 clientes potenciales, sólo 2.4 se convertirán en clientes que paguen, y que transcurren unos 240 días desde el día en que el prospecto nos conoce hasta que nos paga por nuestro servicio.

El número de productos y clientes puede estimarse utilizando la misma metodología que para los ingresos.

Las Entradas y Salidas de cada Función Directa se convierten en el objetivo de cada equipo a cargo de estas Funciones. Y las Funciones de Apoyo y Liderazgo deben ahora ayudar a las Funciones Directas a alcanzar estos objetivos. Las actividades que cada Función debe realizar para lograrlo son la base del PET, que veremos más adelante.

El objetivo principal se distribuye entre todas las funciones.

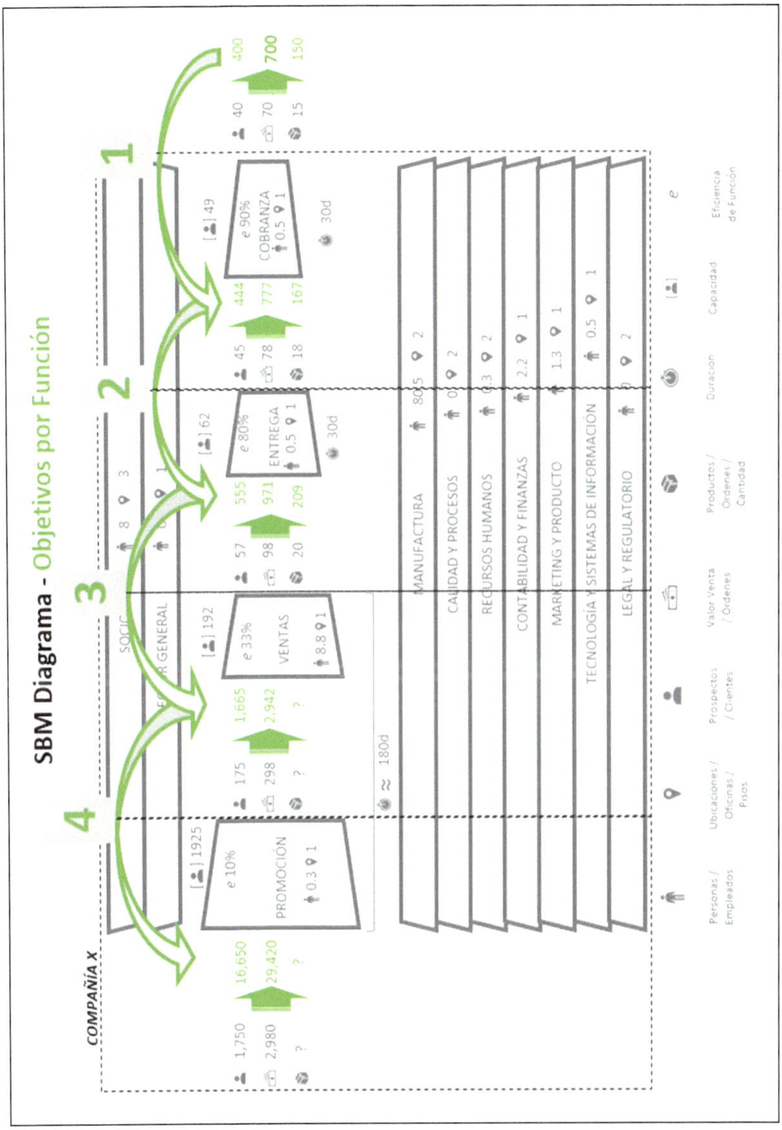

Figura 3.4. SBM Diagrama con Objetivos por Función.

3. Coordinación

Las personas forman empresas, y las personas requieren coordinación para trabajar hacia un objetivo común. Y la coordinación depende principalmente de las Funciones de Liderazgo; si los líderes no pueden definir los objetivos empresariales y comunicarlos adecuadamente, es poco probable que los equipos funcionen con eficacia.

Por lo tanto, los líderes deben trabajar en el diseño y la aplicación de un sistema de coordinación con las siguientes características:

- Objetivos, visión, misión, valores y posicionamiento de la empresa sencillos y atractivos.
- Un entorno de comunicación abierto y práctico.
- Un sistema eficaz de control del rendimiento.
- Un sistema de retribución individual y de equipo alineado con los objetivos y el rendimiento.

Coordinar a los seres humanos es todo un reto. Somos inteligentes y capaces, pero al mismo tiempo únicos y complejos. Somos individuos que deben compartir las decisiones diarias con los demás, hacer concesiones y alinearse con las visiones de los demás. Hay una tensión constante entre el "yo" y el "nosotros".

Las personas tienden a obtener mejores resultados en grupo cuando los objetivos y las normas de compromiso son sencillos. En este principio se basa uno de los fundamentos esenciales de The Simple Business Model™ (SBM).

Cuando se utiliza el SBM en casos reales, las respuestas de los miembros del equipo son positivas porque un diagrama de una página con unos pocos colores mejora su comprensión y aumenta su participación.

La Figura 3.5 muestra los enlaces de comunicación necesarios para coordinar todas las Funciones.

Cada cabeza es un mundo. Es necesario coordinar muchos mundos.

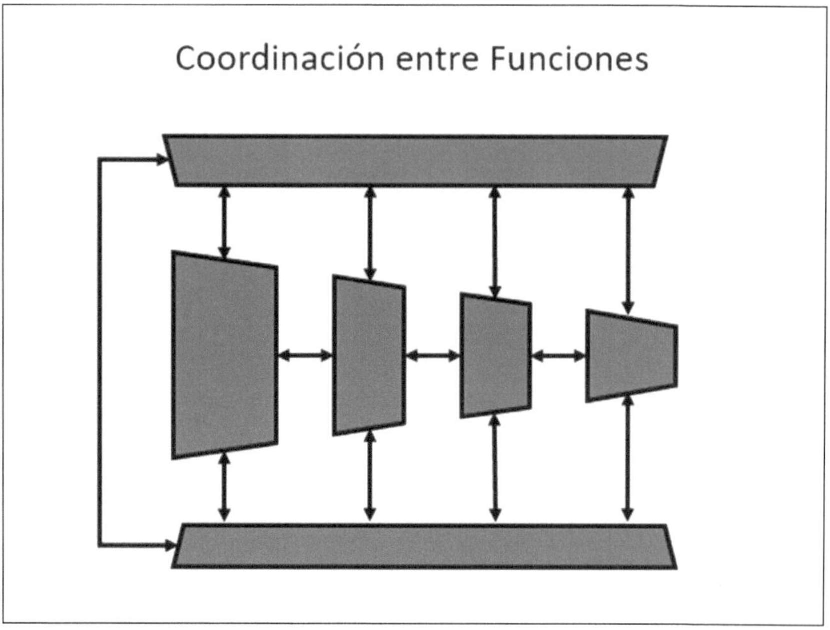

Figura 3.5. Coordinación entre Funciones.

4. Actividades

El Plan Estratégico de Trabajo (PET), por tanto, es una integración ordenada de lo que cada Función debe hacer para apoyar la consecución del Objetivo Principal.

Se recomienda empezar estimando los valores de Entrada y Salida necesarios por Función. Y, si el PET abarca varios años, deben asignarse valores para cada año, que reflejen el nivel de cambio previsto en cada Función.

A modo de ejemplo, la Figura 3.6 muestra sólo el detalle de las Funciones de Cobranza y Entrega; la Cobranza debería pasar de 70 unidades monetarias a 700 en los cinco años del PET, mientras que la Función de Entrega aumentaría de 45 clientes a 444 en el mismo periodo.

Para el análisis, muévase de derecha a izquierda. Por lo tanto, la primera Función que se analizará será la Función de Cobranza. Ahora, cada Función de Liderazgo y Apoyo deberá indicar qué puede hacer para apoyar la consecución del objetivo de la Función. Por ejemplo, el área de Recursos Humanos debe mostrar cómo aumentará el número de empleados de un año para otro, quién lo hará, cuánto costará y otros valores necesarios para convertir esta información en una actividad.

Cada actividad puede describirse inicialmente en términos sencillos. Por ejemplo, en la Figura 3.6, el grupo de Cobranza pasará de facturar 15 a 150 productos. Es probable que el equipo de Contabilidad y Finanzas tenga que trabajar con el equipo de Sistemas de Información para mejorar la generación automatizada de facturas y cobros seleccionando un nuevo software o mejorando el sistema informático existente. Esta actividad podría convertirse en un proyecto completo con un calendario, responsables, costos, inversiones, herramientas de control y reuniones de coordinación. La conversión de una actividad en un proyecto detallado es tarea de los responsables de las funciones implicadas.

La asignación de objetivos por Función se traduce en actividades para cada Función.

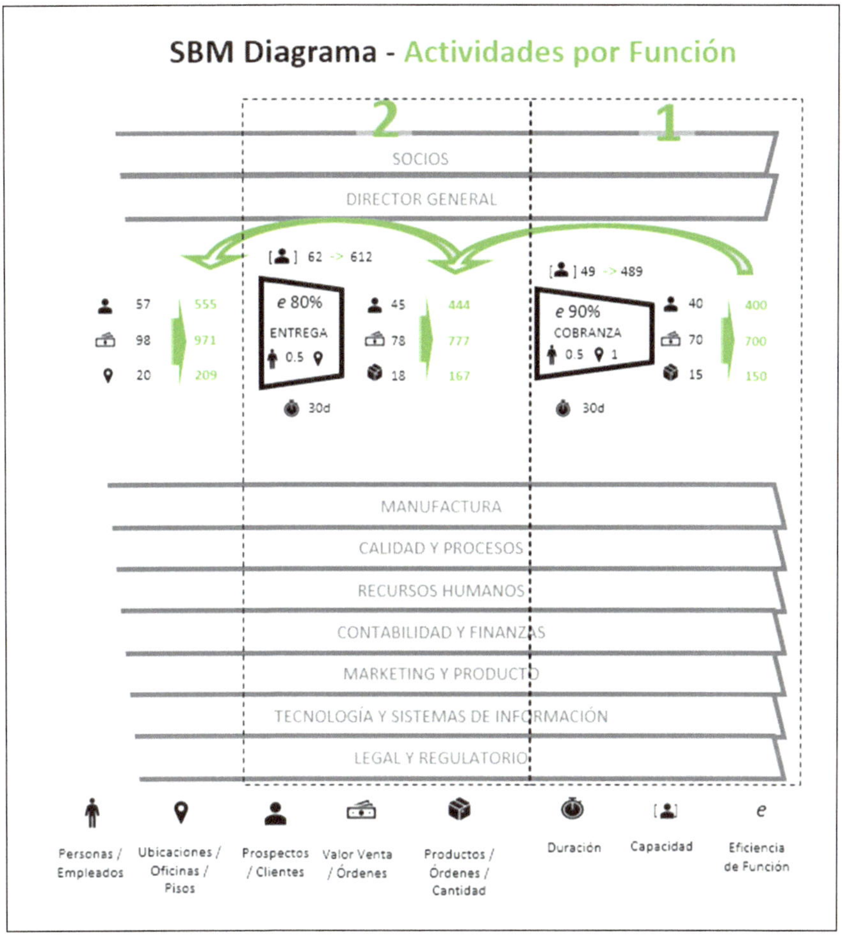

Figura 3.6. SBM Diagrama con Objetivos por Función.

4.1. Actividades por Función

La Figura 3.7 muestra un ejemplo de generación y ordenación de las actividades de nuestro Plan Estratégico de Trabajo (PTE).

La Figura muestra un ejemplo de definición de las actividades para la Función Cobranza. Se necesitaría una hoja similar para las cuatro Funciones Directas. En las dos primeras filas se incluyen el Objetivo Principal y los Objetivos de la Función para cada año, mostrando los objetivos de ingresos. En las filas siguientes se incluyen las principales actividades de cada Función. El detalle es mínimo, y el objetivo es tener sólo las actividades más relevantes por Función y año.

En un ejercicio posterior, cada Función deberá desglosar cada actividad y convertirla en un proyecto completo con plazos, responsables, costo e inversión.

El PET debe considerar al menos el primer nivel de detalle que cubre los años del periodo y las cuatro Funciones Directas.

El ejemplo de la Figura 3.7 abarca las principales actividades de la Función de Cobranza. Ilustra la necesidad de implantar un sistema electrónico ERP y requiere la aprobación del presupuesto por parte de los socios y el Director General, así como otros pasos. También muestra que deben contratarse agentes de cobranza adicionales en los años 3 y 5.

Una vez que una actividad se asigna a una Función, pasa a formar parte de su Plan de Trabajo para cada año, y se convierte en su responsabilidad completarla. Si se hace correctamente, la coordinación y el seguimiento del PET resultan más sencillos, ya que cada una de las actividades se lleva a cabo en el marco del PET.

El líder de la función es consciente de lo que se espera de su equipo. Cada jefe de equipo debe transmitir los objetivos y actividades al resto del grupo y asegurarse de que comprenden sus objetivos grupales e individuales para los años siguientes.

Un Objetivo Principal debe convertirse en acciones específicas.

EJEMPLO DE ACTIVIDADES PARA LA FUNCIÓN DE COBRANZA - PET 5 AÑOS

FUNCIÓN DIRECTA	COBRANZA				
OBJETIVOS	AÑO 1	AÑO 2	AÑO 3	AÑO 4	AÑO 5
OBJETIVO PRINCIPAL (INGRESOS)	$70	$70 => $124	$124 => $221	$221 => $393	$393 => $700
OBJETIVO DE ESTA FUNCIÓN (INGRESOS)	$70	$70 => $124	$124 => $221	$221 => $393	$393 => $700
ACTIVIDADES - POR FUNCIÓN					
ESTA FUNCIÓN		*Implementar Módulo Cobranza ERP*	*Entrenar nuevos vendedores*		*Entrenar nuevos agentes*
SOCIOS	*Aprobar Presupuesto ERP*				
DIRECTOR GENERAL	*Aprobar ERP*				
MANUFACTURA					
CALIDAD Y PROCESOS	*Documentar procesos*				
RECURSOS HUMANOS			*Contratar 2 nuevos agentes de cobranza*		*Contratar 1 agente de cobranza*
CONTABILIDAD Y FINANZAS	*Apoyar selección ERP*	*Apoyar Implementación ERP*			
MARKETING Y PRODUCTO					
TECNOLOGÍA Y SIST. INFORMACIÓN	*Evaluar y Seleccionar ERP*	*Inplementar ERP*			
LEGAL Y REGULATORIO					

Figura 3.7. Actividades por Función.

5. Priorización

La realización de todas las actividades requeridas puede no ser posible debido a limitaciones de costos, tiempo y recursos. En el paso anterior, generamos una lista inicial de actividades como parte de nuestro PET. Probablemente será una lista larga con requisitos de recursos muy elevados, en la que más de una Función reconoce que no se pueden realizar todas las actividades o, al menos, no dentro del plazo estimado.

También es factible definir lo que hay que hacer el año que viene, pero no dentro de cinco años. Esto nos lleva a preguntarnos qué detalles son necesarios para cada año. Además, hay que determinar qué hacer con las actividades que no son viables por su costo o complejidad.

Un recurso que a menudo limita lo que podemos hacer es el dinero, pero otras limitaciones son el tiempo disponible, el talento humano y otras restricciones que escapan a nuestro control, como la obtención de licencias o permisos.

El análisis de lo anterior es un excelente ejercicio para los equipos de gestión. Pero, como ya se ha dicho, es probable que no todas las actividades propuestas sean críticas o necesarias, por lo que debemos proponer un proceso de priorización.

Las actividades podrían clasificarse combinando el menor costo y tiempo de ejecución.

Por ejemplo, el objetivo de multiplicar por diez la Cobranza en cinco años es atractivo, pero suponer que la tasa media de crecimiento es la misma desde el primer año ejerce mucha presión para aumentar los efectivos inmediatamente, sobre todo en áreas que no lo requieren al principio. Por lo tanto, una Función debe posponer el aumento de plantilla hasta que el aumento de fondos en otras áreas lo permita en años posteriores.

Del mismo modo, el PET debe sostenerse con la operación y los medios de financiamiento disponibles en la compañía. Supongamos que los gastos estimados superan la capacidad de la empresa para financiarlos. En ese caso, habría que generar una actividad específica para encontrar los fondos, o revisar la viabilidad de alcanzar el Objetivo Principal.

A menudo podríamos generar un plan que en papel parece muy bueno, pero que es difícil de lograr en la realidad. En cualquier caso, es mejor tener el documento con el PET que no tenerlo, ya que el ejercicio ayudará significativamente a la futura coordinación de la organización.

Si no todas las actividades pueden realizarse según lo planeado, la solución depende de priorizar por su importancia.

6. PET, Versión final

La versión final impresa del PET debe seguir siendo sencilla, con objetivos fáciles de encontrar por Función y tiempo de ejecución.

El formato de impresión y diseño del documento que contiene el PET puede ser el que mejor se adapte a cada empresa. No obstante, como directriz principal, debe reunir las siguientes características:

- Un periodo a medio y largo plazo de tres a cinco años.
- Actividades organizadas por Función Directa y desglosadas por año, identificando cómo cada otra Función apoyará el logro de los Objetivos de la Función Directa.
- Orientación clara para que cada responsable de empresa participe y comprenda las expectativas de su área a lo largo del tiempo.
- Una estimación de los valores económicos necesarios para su aplicación, con costos e inversiones incrementales.
- Un medio visible para confirmar si la empresa puede alcanzar los Objetivos Principales, con o sin apoyo externo.

TEl objetivo del PET es servir de guía para el rumbo a seguir, no un estrecho pasillo con un estricto conjunto de tareas que todo el mundo hará en los próximos años. Por ello, cada equipo debe trasladar los objetivos generales a su ámbito de responsabilidad y creatividad.

Las reuniones periódicas de liderazgo deben incluir la comparación de lo establecido en el PET con lo que está ocurriendo en el presente. El equipo debe volver a la trayectoria prevista siempre que se produzca una desviación natural con el paso del tiempo.

La Figura 3.8 muestra un ejemplo de PET final.

La versión final de un PET debe seguir siendo simple y completo

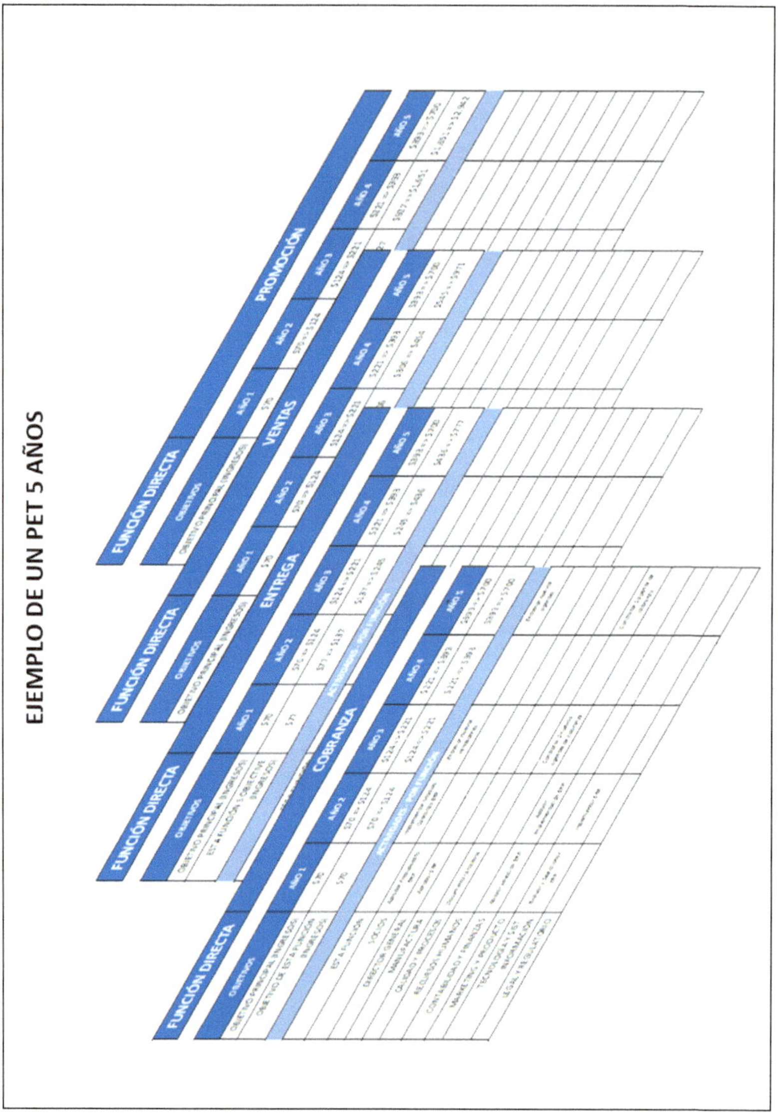

Fig. 3.8. Ejemplo de un PET 5 Años.

CAPÍTULO 4

Cómo Puede Ayudarme el SBM a Mejorar mi Organización

Diseño organizacional

En mi experiencia trabajando con varias empresas, un reto recurrente es contar con el talento adecuado. Pero no se trata solo de tener empleados capaces; se trata de colocarlos donde puedan aportar más y, al mismo tiempo, puedan beneficiarse de sus tareas.

A veces, tendemos a sobre simplificar la dinámica de los recursos humanos. Llegamos a pensar que las piezas de un organigrama pueden intercambiarse fácilmente, como una máquina. Sin embargo, los seres humanos son mucho más complejos, interesantes y exigentes que cualquier herramienta o sistema. Por eso, solemos ver organigramas típicos como el de la Figura 4.1, las cuales podríamos convertir a la estructura del SBM. Sin embargo, las líneas de autoridad, comunicación y coordinación son dinámicas y a menudo impredecibles. A pesar de que no comprendamos la complejidad del comportamiento humano, sí podemos modelar una organización, lo que nos ayudará a asegurar que cada Función se ejecute según lo planeado.

Los organigramas describen la distribución de autoridad y los títulos comunes identifican cada puesto. Sin embargo, estos organigramas deben convertirse a SBM para determinar qué funciones cubre cada empleado. En el SBM, el nivel de autoridad no es tan crítico como lo que hace cada persona o la función que desempeña.

Los colores y las flechas indican las equivalencias entre los dos modelos. Si alguna Función queda vacía en el SBM, puede significar que no se le ha asignado ningún líder o equipo. Por ejemplo, es habitual tener un equipo de marketing, pero puede que no esté claro quién se encarga de la promoción. Mientras que el área de marketing diseña estrategias, su implementación puede estar en manos de otro equipo.

El uso de colores y flechas en ambos diagramas nos ayuda a asegurarnos de que no tenemos lagunas en la responsabilidad o Funciones que no están asignadas.

Otro indicador interesante es que, si el mismo color aparece en muchas funciones del SBM, podría significar que los equipos tienen demasiadas responsabilidades.

Se pueden realizar otros análisis adicionales, como veremos en las páginas siguientes.

Los organigramas deben convertirse al SBM.

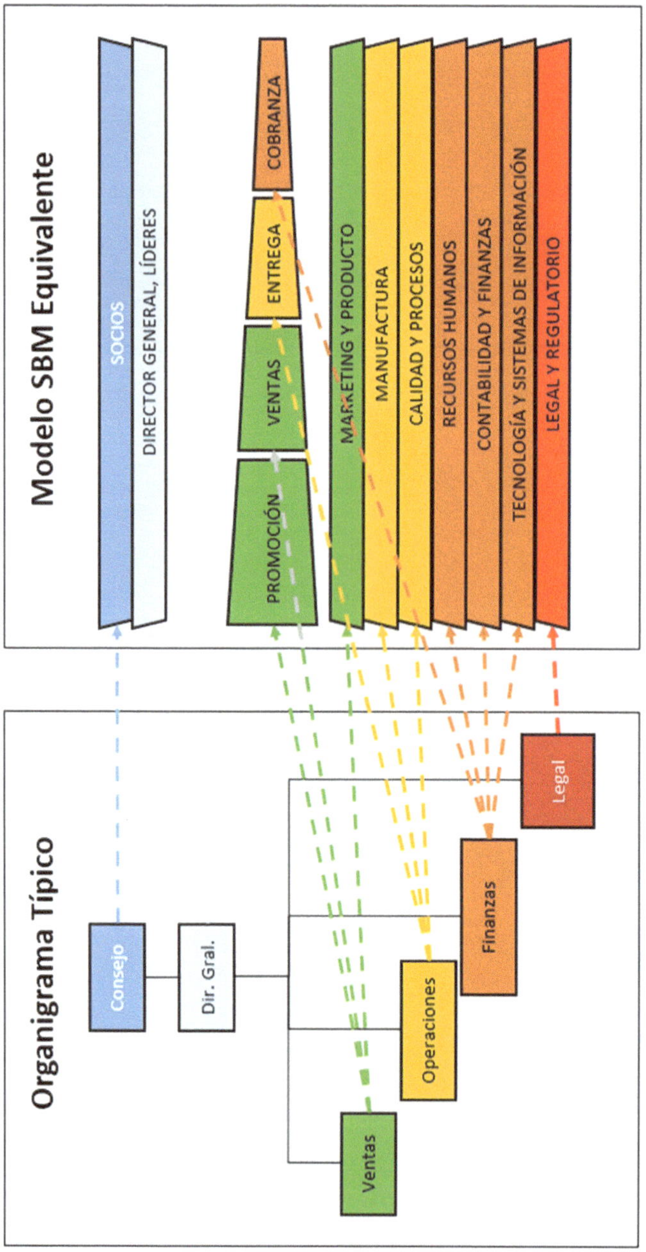

Figura 4.1. Conversión de un organigrama típico a un Modelo SBM.

Balance y Delegación

Cuando utilizamos colores para identificar a los líderes o a los equipos y los repetimos en las Funciones en las que participan, creamos una ayuda que nos permite visualizar rápidamente el equilibrio del trabajo.

Por ejemplo, la Figura 4.2 muestra un caso frecuente en las pequeñas empresas. El propietario y fundador necesita participar en varias Funciones simultáneamente. La participación del propietario en varias Funciones suele funcionar bien cuando la empresa es pequeña; sin embargo, cuando el equipo de trabajo crece, el propietario puede entorpecer el trabajo de los demás en lugar de ayudarles.

Cuándo y cómo un propietario debe delegar responsabilidades en otro líder es un arte complejo de poner en práctica. Sin embargo, el SBM también nos ayuda a identificar quién hace qué. Con la autoevaluación (véase el Anexo), podemos encontrar la mejor relación entre las Funciones y las responsabilidades de una persona.

Lo ideal sería asignar una persona a una sola Función, lo que suele ser complejo y costoso, sobre todo cuando la empresa está creciendo.

Como regla general, podemos decir que una persona debe participar directamente en menos de tres Funciones diferentes. Superar este número suele traducirse en un rendimiento insuficiente en una o más funciones. Y si se requiere que una persona participe en más de una, la asignación debería ser temporal.

Afortunadamente, el SBM facilita el análisis repitiendo el color de un líder en las Funciones en las que participa regularmente. Una Función con varios colores puede significar que muchos líderes están trabajando en el mismo tema. La duplicación de esfuerzos puede tener a menudo un efecto negativo, y deberá ser evitado dentro de lo posible.

Cuando hay más de un responsable implicado en la misma función, puede surgir el problema de "muchos implicados, ningún responsable". Lo ideal es que haya un líder claro por Función, que aclare las líneas jerárquicas de los equipos a su cargo. Un líder que participa regularmente en varias Funciones puede ser ineficaz en una o varias de ellas.

Así, es frecuente confundir la colaboración entre líderes con las responsabilidades individuales de cada uno. A veces, se anima a varias personas a apoyar x Función para fomentar un espíritu de cooperación y trabajo en equipo. Por ejemplo, cuando repentinamente aumenta el número de clientes, suelen acudir líderes de otras áreas a apoyar, como marketing, el director general entre otros. Superficialmente no tiene mala pinta; incluso refleja un espíritu de apoyo al compañero de ventas que se ha visto desbordado por la demanda. Sin embargo, este apoyo es manejado de manera adecuado si se reconoce al líder de ventas como la persona responsable y con autoridad en esta función, inclusive por encima de su propio jefe. En cuanto pase la emergencia, los líderes deben volver a sus posiciones originales.

También puede ocurrir lo contrario, es decir, que no se asigne a nadie a una Función específica, o que sólo se asigne parcial o inadecuadamente. El SBM lo hace visible porque nos quedaríamos con algunas Funciones sin ningún color o con un número deficiente de personas asignadas. Aunque parezca extraño, ocurre más a menudo de lo que pensamos. Por ejemplo, Promoción y Marketing tienen este problema debido a sus objetivos similares. Marketing es una Función de Apoyo que ayuda a la empresa a definir la estrategia de posicionamiento, pero Promoción es la Función que la pone en práctica. Los miembros de estas funciones no son necesariamente las mismas personas. Asumir que tener un equipo de marketing resultará en la implementación de la Función de Promoción es un error y tiende a dejar a cualquiera de las dos Funciones sin alguien a cargo.

Lo ideal es que una persona esté asignada a una sola Función.

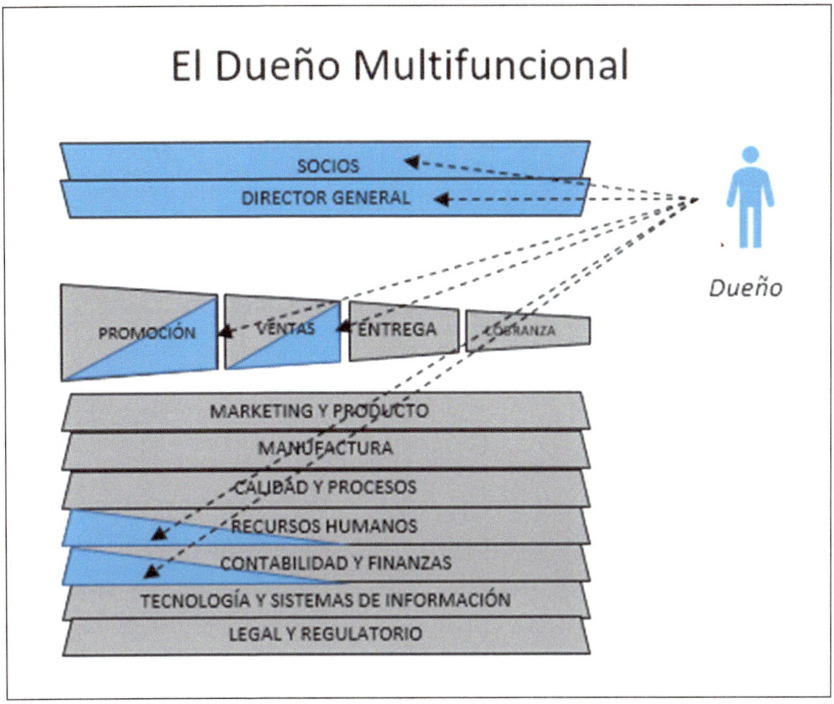

Figura 4.2. El dueño multifuncional.

Talento

Aunque lo decimos a menudo, pocas veces somos plenamente conscientes de lo importante que es el talento humano para nuestra empresa. Si los líderes empresariales tienen un reto y una responsabilidad importantes, es atraer, retener y motivar a sus empleados. Se pueden comprar máquinas, edificios y sistemas, pero conseguir que una persona comparta la visión y la misión de una empresa requiere mucho más que poder adquisitivo.

Las empresas se enfrentan al incesante problema de gestionar el talento humano en un entorno en el que atraer empleados capaces es tan complejo como retenerlos. Un problema importante se produce cuando atraemos a los empleados adecuados sólo para asignarlos a una función o área en la que no son eficientes ni eficaces. También es habitual que una pequeña empresa quiera crecer y atraer a ejecutivos con experiencia en grandes organizaciones. Sin embargo, conseguir que estos executivos se adapten a una cultura diferente con recursos limitados y falta de organización puede ser todo un reto.

En este sentido, el SBM también nos ayuda a identificar el estado general del talento asignado por Función. La Figura 4.3 ilustra una aplicación del SBM para definir el nivel de rendimiento de los líderes por función. Y, en consecuencia, podemos suponer que el rendimiento de una Función está estrechamente relacionado con la eficacia de su líder.

En la parte izquierda de la Figura 4.3, vemos una relación teórica entre los grupos de edad y el rendimiento de los ejecutivos. En la parte derecha, vemos una distribución hipotética de ejecutivos por función y edad. Así, parece que los Socios, el Director General, la Promoción y las Ventas serán importantes para reforzar el rendimiento de los ejecutivos más jóvenes.

Son innumerables los parámetros que pueden medirse en función de las capacidades de los líderes. Con metodologías fiables, podemos medir factores como la resistencia a la frustración, capacidad de innovación, estilos de liderazgo, motivación, satisfacción, etc. Cruzando estas mediciones con el rendimiento de una Función, podemos concluir qué relación existe entre el líder y sus resultados. Estos análisis son fundamentales para definir planes de carrera individuales, formación executiva o de equipo, y métodos de medición del rendimiento y compensación.

El SBM puede ayudar a identificar cómo se distribuye el talento en nuestra empresa.

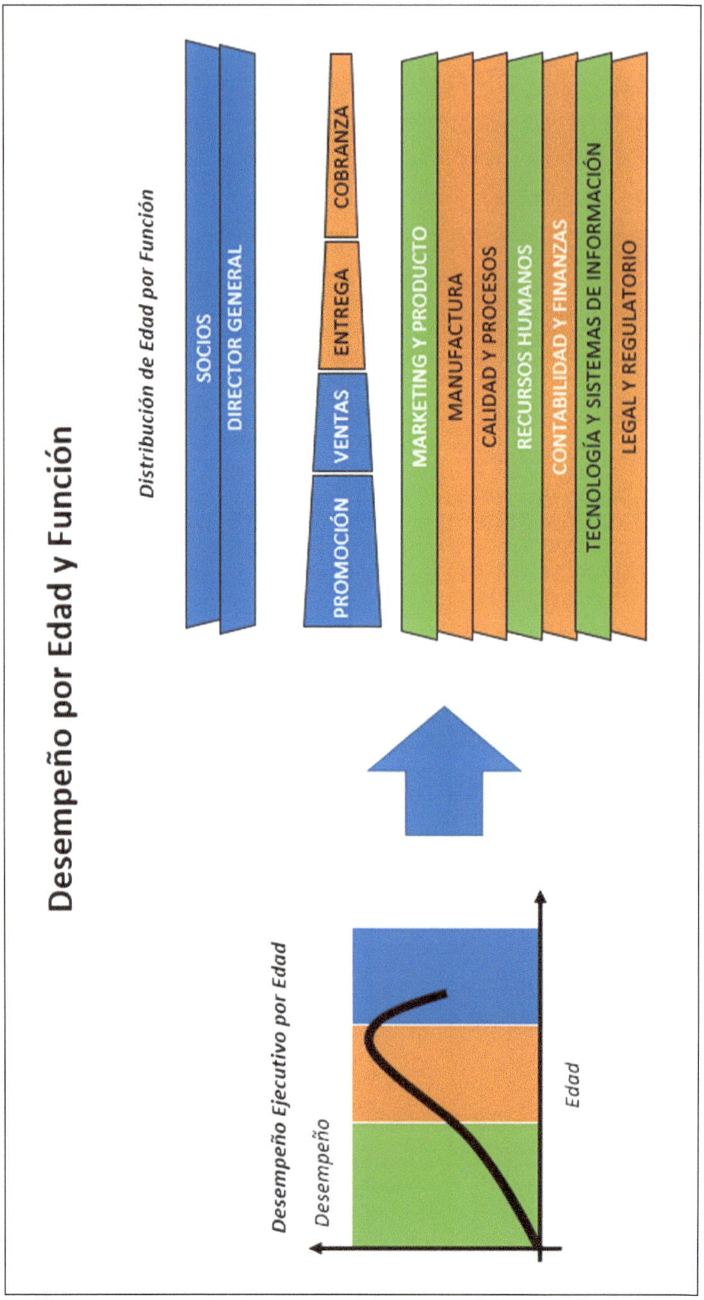

Figura 4.3. Talento por Función

CAPÍTULO 5

Cómo me Puede Ayudar el SBM a Crear Fácilmente un Modelo Financiero

Modelo Financiero

El objetivo de cualquier empresa es aumentar su valor económico reteniendo parte de los ingresos después de cubrir todos los gastos. Aunque es fácil de entender, conseguirlo a lo largo del tiempo es complicado; por eso elaboramos modelos financieros que nos ayuden a prever el potencial económico de nuestra empresa.

Los modelos financieros se basan en la predicción del futuro, y el futuro es un gran interrogante. Sin embargo, el SBM también nos ayuda a crear escenarios futuros que surgen de una o más versiones del PET, donde cada versión tiene un equivalente en forma del Modelo Financiero SBM. El PET es una forma de describir con palabras lo que queremos hacer, y el Modelo Financiero lo traduce a su equivalente en dinero.

Hay muchas formas, estilos y herramientas para crear un modelo financiero. Los más comunes se desarrollan en una hoja de cálculo Excel, donde hacemos previsiones de entrada y deducimos costos, inversiones, impuestos, depreciación, etc. Al final, nos queda un flujo de caja libre que debería cubrir lo que hemos invertido en el negocio y un excedente que apreciamos, también conocido como ganancia.

El SBM facilita la generación de modelos financieros al recopilar los detalles de los objetivos en el tiempo y las actividades a realizar. A su vez, el PET identifica qué haremos, cuándo y cuánto estimamos que nos costará hacerlo; toda esta información sirve de apoyo a las hipótesis utilizadas en un modelo financiero. El SBM también indica los valores de rendimiento de cada Función, Entrada, Salida, Eficiencia, Capacidad, etc.

El formato del PET nos permite registrar los valores económicos relacionados con cada actividad, junto con los costos, las inversiones y los ingresos.

También debemos definir si incluimos todos los valores en el PET o sólo los incrementales relacionados con cada actividad.

Una vez registrados los datos económicos del PET, debemos convertirlo a un formato financiero tradicional.

La Figura 5.1 ilustra los pasos para crear el Modelo Financiero SBM. Más adelante se explicarán con más detalle estos pasos.

El Modelo Financiero, al igual que el PET, es valioso para coordinar los esfuerzos de todos los equipos. Sin embargo, adquiere valor cuando se convierte en una herramienta viva que nos permite supervisar periódicamente los progresos y realizar los ajustes necesarios.

El Modelo Financiero SBM puede utilizarse con diversos fines, entre ellos servir de base para buscar inversiones y préstamos y definir objetivos de ventas y estimaciones presupuestarias anuales.

Un modelo financiero es una conversión de términos económicos a un plan de trabajo

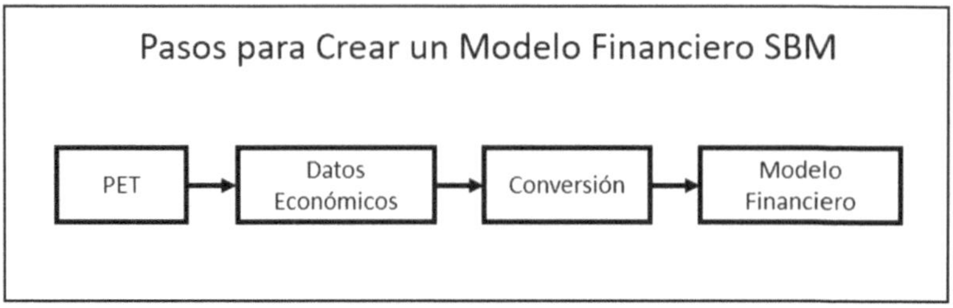

Figura 5.1. Creación de un Modelo Financiero SBM.

Conversión del Modelo Financiero del PET al SBM

Los gráficos de la Figura 5.2 ilustran el proceso de conversión de la información económica del PET al Modelo Financiero SBM; de hecho, sólo es necesario un paso de conversión. Los valores económicos de las actividades deben enumerarse en el PET por función y año. En la conversión, deben reagruparse por conceptos habituales en los informes financieros de la empresa, como ingresos, costos directos, costos indirectos, inversiones, etc.

Si lo hacemos correctamente, tendremos un PET que nos diga con detalle ejecutivo lo que pensamos hacer, y un Modelo Financiero que nos muestre el valor económico resultante.

La creación de un PET con su respectivo Modelo Financiero SBM completa el ciclo de planificación y estimación financiera.

Es deseable automatizar este proceso para controlar el progreso a lo largo del tiempo y facilitar la toma de decisiones ejecutivas. Sin embargo, si es imposible, mantener su simplicidad nos permitirá evaluar mejor el rendimiento de la empresa a lo largo del tiempo.

Una vez que el PET está listo, es fácil generar un modelo financiero.

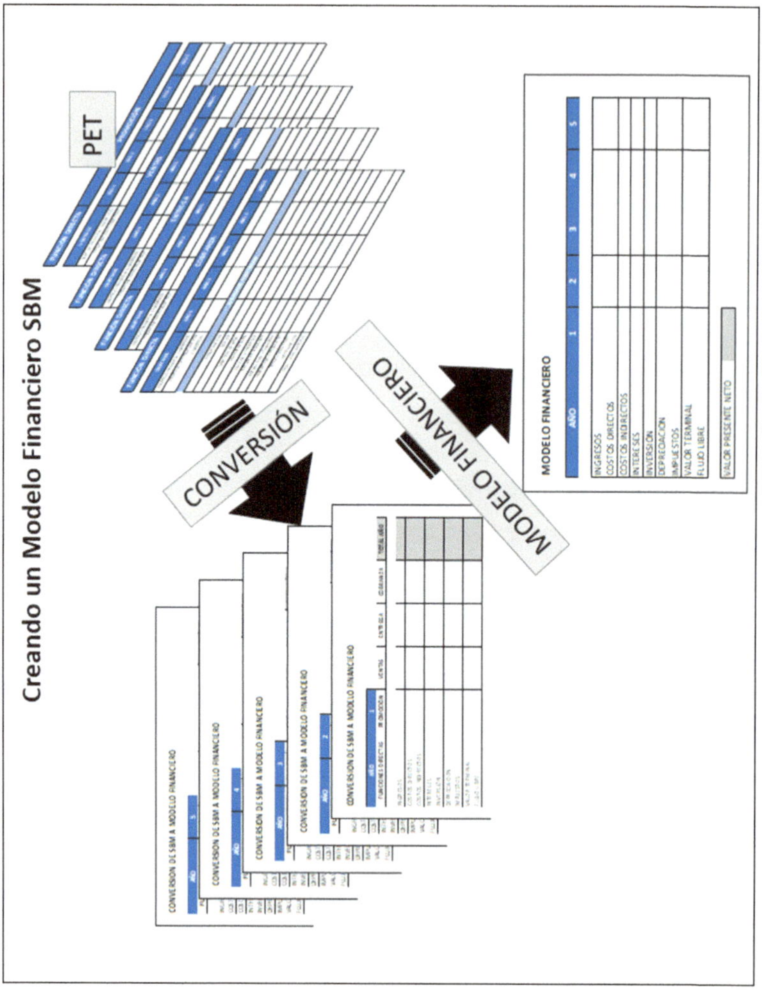

Figura 5.2. Creando un Modelo Financiero SBM

CAPÍTULO 6

Cómo Puedo Utilizar el SBM para Implementar un Nuevo Sistema de Información en mi Compañía

Uso de la información

Prácticamente todo lo que ocurre en una empresa puede medirse y monitorearse. Los datos procesados para generar conocimiento se denominan información empresarial. Los directivos necesitan revisar periódicamente esta información para tomar decisiones.

Cada día, una empresa genera una gran cantidad de datos sobre su funcionamiento, y gestionarlos es todo un reto. Por ejemplo, cuando una nueva pieza llega al almacén, alguien genera información básica sobre la transacción. Esa información tiene diferentes implicaciones, primero relacionadas con el uso físico de esa pieza, pero también con el impacto de la pieza en la contabilidad de la empresa. El equipo de manufactura sabrá si la pieza puede utilizarse en su proceso de producción, mientras que el equipo administrativo decidirá cuándo debe pagarse la pieza. Por lo tanto, varias áreas de la empresa utilizan o analizan los mismos datos con fines distintos, lo que aumenta el número de usos simples de la información de datos a medida que pasa el tiempo y diferentes acciones se realizan con la misma pieza. Esto, a medida que pasa el tiempo, genera complejidad en la gestión empresarial.

La Figura 6.1 describe cómo interactúan los distintos niveles administrativos de un proceso con la información disponible. En primer lugar, los datos se generan diariamente a nivel operativo y deben registrarse en un archivo estructurado y de fácil acceso. A continuación, la información acumulada a lo largo de varios días o meses ayuda a los responsables a evaluar el rendimiento por áreas. Por último, un nivel superior de la dirección utiliza los datos procedentes de diversas fuentes de la empresa para decidir si cambiar de rumbo o mantenerlo.

Múltiples sistemas automatizados disponibles en el mercado ayudan a las empresas a gestionar la información. Sin embargo, seleccionar el mejor sistema puede ser un proyecto significativo debido a las diversas opciones existentes en el mercado y a nuestros requisitos específicos.

Estos sistemas suelen denominarse Planificación de Recursos Empresariales (ERP, Enterprise Resource Planning, en inglés) y Administración de las Relaciones con los Clientes (CRM, Customer Relationship Management). Su objetivo es facilitar la recopilación continua de información operativa y su conversión para ayudar a la alta dirección en la toma de decisiones. Existen ERPs y CRMs muy poderosos y caros. Pero cada vez son más populares y asequibles nuevas alternativas más baratas y sencillas.

Entre los ERP, las marcas más conocidas se encuentran SAP, Oracle y Epicor; y entre los CRM, se pueden mencionar a Salesforce, Hubspot, Monday y Odoo. Pero existen tantas aplicaciones similares, por lo que sólo incluimos unos pocos como referencia.

El SBM puede ayudar a identificar las necesidades y evaluar sistemas ERP y CRMs.

Figura 6.1. Uso de la información por nivel ejecutivo.

Autoevaluación de los Sistemas de Información

La Figura 6.2 muestra un ejemplo de evaluación del nivel de información disponible para cada Función. El color de la capa superior indica el nivel de disponibilidad para la gestión estratégica. En este ejemplo, los socios tienen acceso a este tipo de información de manera no adecuada, indicado por un color rojo. Mientras que el Director General se muestra en color amarillo indicando que tiene una disponibilidad parcial de la información. La siguiente banda de color, por debajo de la anterior, se refiere a la información de nivel táctico; en ella, observamos que la disponibilidad es parcial o adecuada para las Funciones de Ventas, Entrega y Cobranza. Por último, la capa más baja indica el nivel de gestión operativa, donde observamos una combinación de niveles adecuados y no adecuados.

Con una evaluación como la de este ejemplo, es fácil identificar y priorizar las Funciones que requieren la implantación de un mejor sistema de información. Regularmente, ya sea que se adquiere un sistema externo o si se desarrolla internamente, sus módulos se implementan según las necesidades actuales y futuras. Cada módulo es un bloque del sistema que apoyará a una o más Funciones según lo requiera cada negocio. Por lo tanto, la selección y la secuencia de instalación de cada módulo son fundamentales para alcanzar los objetivos de mejora del acceso a la información.

Antes de implantar un ERP, se recomienda realizar una autoevaluación de los sistemas actuales de información.

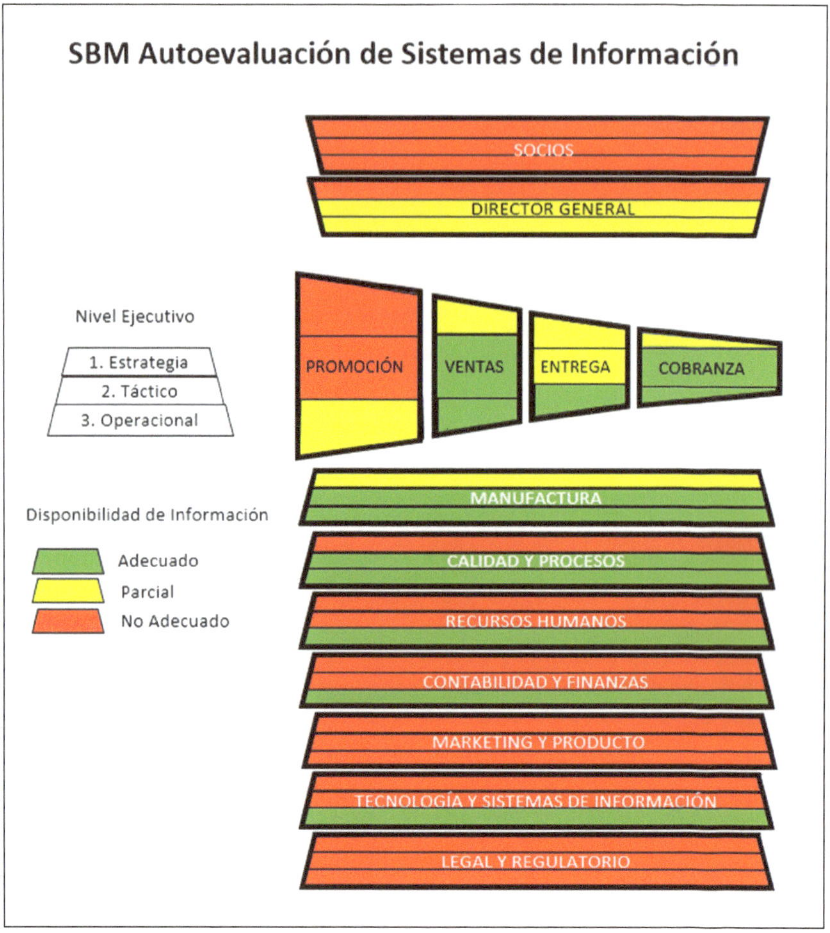

Figura 6.2. SBM Autoevaluación de Sistemas de Información.

Canal de información

La información puede fluir dentro de una misma Función (Intra-Función) y entre dos o más Funciones (Inter-Función). Cuando el flujo de información se interrumpe, suelen generarse problemas con diferentes efectos en la empresa.

Al planificar la implementación de un nuevo sistema de información electrónico, hay que empezar por evaluar el nivel de fluidez de la comunicación. Por ejemplo, es común que la comunicación entre las áreas de Ventas y Entrega sea limitada, como se ilustra con una "X" roja entre estas dos Funciones en la Figura 6.3. La Función de Ventas avanza en el cierre de una oportunidad, pero la Función de Entrega no está informada a detalle de ello. Como resultado, cuando el cliente acepta comprar, la Función de Entrega puede no estar preparada y provocar un retraso en la fecha de entrega comprometida del producto o servicio.

El ejercicio de autoevaluación anterior suele reflejar el nivel de fluidez informativa y, en caso necesario, se convierte en un requisito para seleccionar e implantar un ERP o CRM.

La información debe fluir adecuadamente entre las Funciones y los equipos.

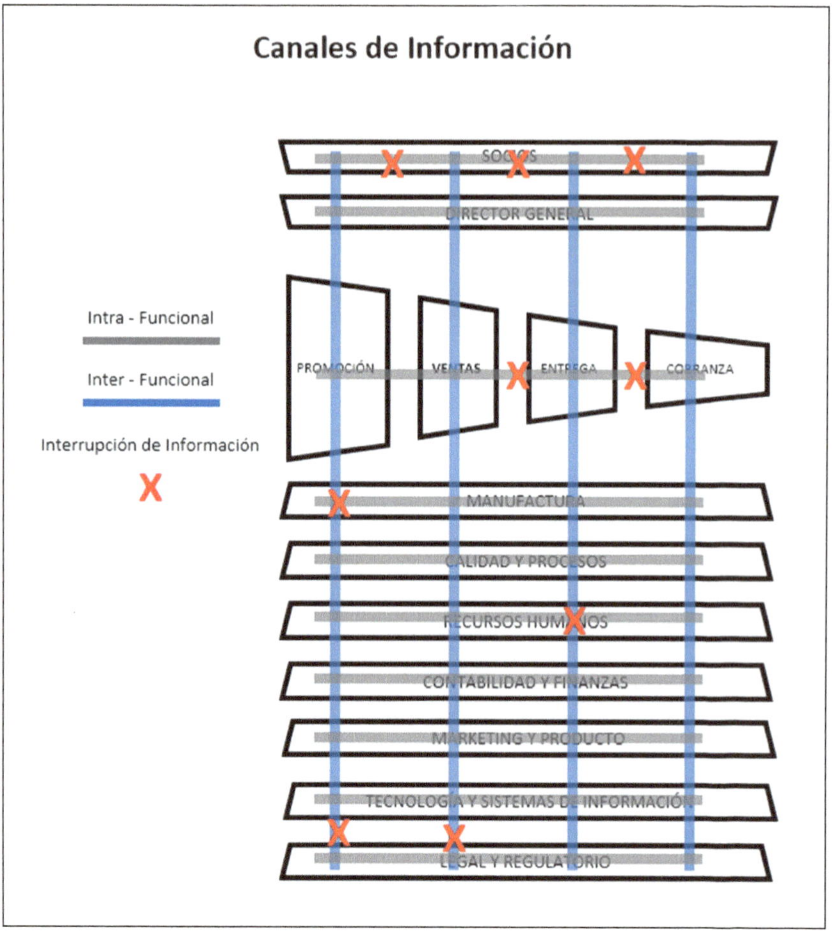

Figura 6.3. Canales de información.

Implementación

La Figura 6.4 muestra un ejemplo de cómo puede planificarse la implementación de los distintos módulos de un sistema de información.

En términos de costo y tiempo, implementar un sistema de información en de manera simultánea en toda la empresa puede no ser posible. Por ello, la mayoría de los sistemas se ofrecen en módulos para facilitar su implantación. Algunos de estos módulos se utilizan en toda la empresa y otros se especializan en determinadas tareas. Los módulos comunes a todas las áreas incluyen bases de datos de clientes, catálogos de productos o localizaciones de la empresa. Los módulos centrados en procesos específicos incluyen, por ejemplo, la gestión de la contratación y remuneración de los empleados en el módulo de Recursos Humanos.

A título ilustrativo, la figura muestra tres etapas de implantación. En función de los requisitos de priorización de la empresa, se introducen mejoras en los sistemas de información según lo que resulte más crítico y rápido de implantar. Aquí vemos una secuencia de implantación en la que es aconsejable dar mayor velocidad a las Funciones Directas iniciales, como Promoción y Ventas, para luego continuar con el flujo hacia la derecha. La lógica aquí es que de poco sirve tener un sistema de Cobranza avanzado, si las funciones de Promoción y Ventas no generan suficientes clientes para cobrarles.

La implementación de un sistema de información debe seguir los prioridades de la empresa.

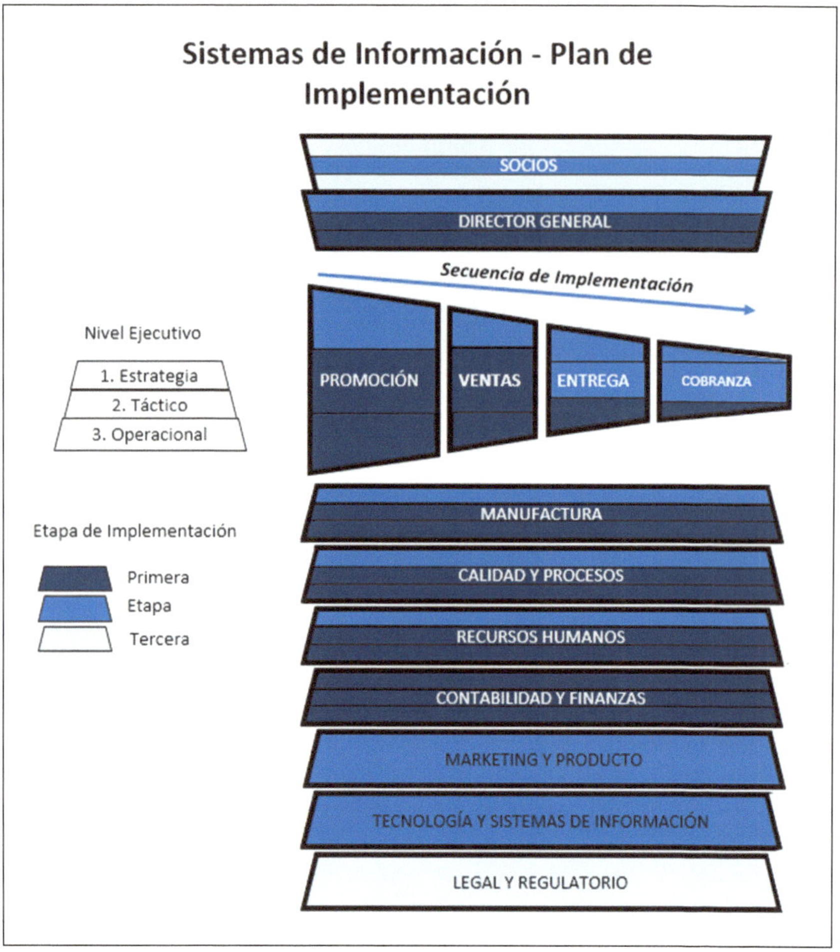

Figura 6.4. Implementación de sistemas de información.

CAPÍTULO 7

En qué otras Maneras podemos Utilizar el SBM

Otras aplicaciones del SBM

Con la explicación de las aplicaciones anteriores, podemos entender claramente el uso y el alcance del SBM.

Este libro mantiene las descripciones de las aplicaciones a un nivel ejecutivo y genérico. Cada empresa podría profundizar en cómo aplicarlo y qué nivel de detalle debería desarrollar en cada caso. Sin embargo, recomiendo que, en lugar de intentar hacer más complejo el uso del SBM, se busque siempre mantener el foco en la simplicidad por encima de todo.

El SBM puede tener diversas aplicaciones, como:

- Diseño de planes corporativos de retribución de directivos y funcionales.
- Desarrollo interno de sistemas electrónicos de información.
- Diseño de informes ejecutivos y operativos por Función.
- Planes de desarrollo empresarial en nuevas regiones.
- Planes de desarrollo de nuevos productos o segmentos.
- Medir la eficiencia de los planes de promoción y descuento.
- Planes de formación por función y nivel ejecutivo.

Modelizar un negocio utilizando sus datos de rendimiento es como disponer de un laboratorio en el que puede experimentar cambiando valores y parámetros y observar el impacto de esos cambios sin llegar a implantarlos.

Cada Función puede realizar sus propios experimentos simulando cambios para estimar los impactos de las iniciativas de mejora.

El SBM ayuda a múltiples Funciones a ver el negocio de forma similar y a entender cómo funciona. Si los líderes y sus equipos reciben capacitación para modelar y utilizar el SBM, resulta más fácil coordinar y lanzar nuevas iniciativas de mejora.

La aplicación del SBM puede ser tan amplia como la empresa y sus dirigentes lo requieran.

Modelar una empresa es como tener un laboratorio donde podemos experimentar cosas nuevas sin "romper ningún cristal".

ANEXO

Ejercicio de Autoevaluación

Como mencioné en el Capítulo 3, esta sección ofrece un ejercicio de Autoevaluación, que incluye una serie de afirmaciones/reflexiones básicas a las que deben responder preferentemente los socios o líderes de la empresa.

Los encuestados deben responder a cada tema en una escala de 0 a 5 en función de los siguientes criterios:

0 = No aplicable/No sabe
1 = Totalmente en desacuerdo
2 = Parcialmente en desacuerdo
3 = Neutral (ni de acuerdo ni en desacuerdo)
4 = Parcialmente de acuerdo
5 = Totalmente de acuerdo

En función de las respuestas, deben utilizarse colores distintivos en el diagrama del SBM para reflejar el nivel de acuerdo o desacuerdo.

Las declaraciones esenciales son las siguientes:

- Mi empresa existe desde hace tiempo y tiene capacidad suficiente para funcionar, pero nos gustaría mejorar.
- Aún no hemos creado una empresa; estamos en la fase de evaluación y desarrollo de un plan de negocio.
- Nuestra cartera de productos se ha mejorado a lo largo de los años y es adecuada.
- Estamos a punto de lanzar una nueva línea de negocio/producto que esperamos que tenga mucho éxito.
- Tenemos acceso a una financiación adecuada para nuestros planes.
- Tenemos un gran potencial de crecimiento a escala nacional e internacional.
- Nuestros competidores son mucho mejores que nosotros dentro y fuera de nuestra región.
- Los propietarios de la empresa tienen objetivos y planes claros para los próximos cinco años.
- Nuestro Consejo funciona con eficacia y nos ayuda a tomar decisiones.
- Nuestro Director General es consciente de los objetivos de la empresa y puede alcanzarlos.
- Nuestro plan de promoción nos ayuda a generar nuevas oportunidades de negocio de forma continua.
- Tenemos un nivel adecuado de cierre de oportunidades con clientes recurrentes y nuevos.
- Tenemos un excelente historial de entrega puntual de nuestros productos.
- Nuestro índice de cobro es excelente y rara vez tenemos problemas.
- Nuestros procesos de fabricación son eficaces y predecibles.
- Nuestros procesos básicos están documentados y los empleados los conocen bien.

- El nivel de calidad de nuestros productos es excelente, y tenemos un nivel muy bajo de rechazos por parte de nuestros clientes.
- Tenemos un equipo directivo con el talento adecuado, y nuestra relación con ellos es excelente.
- Nuestro Departamento de Administración y Finanzas proporciona una valiosa información en el momento oportuno.
- Tenemos la cartera de productos adecuada y conocemos su verdadera rentabilidad y potencial.
- Hemos aplicado excelentes estrategias de marketing, fijación de precios y posicionamiento de marca.
- Utilizamos la tecnología más moderna y eficaz en la fabricación, el funcionamiento y la gestión de la información.
- Disponemos de procedimientos muy competentes y adecuados para nuestra protección jurídica y para el cumplimiento en el trabajo de todas las normativas exigidas.

Se recomienda iniciar con un cuestionario de Autoevaluación.

www.ingramcontent.com/pod-product-compliance
Ingram Content Group UK Ltd.
Pitfield, Milton Keynes, MK11 3LW, UK
UKHW061308110926
15112UKWH00014B/23
* 9 7 9 8 9 8 8 0 8 6 3 2 1 *